「また会いたい」と思われる人の
聴き方・話し方

信頼を築く面談力

厚美 尚武／紀伊 信之［著］

一般社団法人 金融財政事情研究会

はじめに

営業活動の時間の多くは、お客様との面談に充てられています。今後、営業活動の質を高めるカギとなってくるのが面談能力でしょう。

今、かつてないほどの変化が日本の企業に押し寄せ、経営者やキーマンは大きな変革を求められています。それに伴ってお客様が期待し、求めている面談の内容も勢い水準が高くなっています。

一方で、「相手の悩みや関心事をうまく引き出せない」「提案を受け入れてもらえない」「面談が続かない」など、これまでのやり方ではお客様との信頼関係を築いていくことがむずかしい、と感じる営業担当者も増えています。

これからのビジネスの世界で、必要とされる「面談力」。

この「面談力」を磨き、仕事の質を高め、お客様との関係をより良くしていくための考え方やヒントをまとめたのが本書です。

私たちコンサルタント自身がお客様と面談をするなかで、意識していること、気づいたことをベースにしています。企業の経営者やキーマンに対して日々営業活動を行っておられる方々に読んでいただけたら、と思います。

本書は第1講から第31講まで、それぞれが独立したトピックとしてお読みいただける構成としています。順番どおり読んでいただいても、目次をご覧いただいて気になるトピックから読んでいただいても、どちらでもかまいません。

構成は、前半部分は面談力の考え方やお客様の共感を得るために欠かせないコミュニケーション能力を磨くトピック、後半に進むほど、お客様のビジネスをより深く知るために、何を聞くか、どう話すのか。そして、お客様が取り組む課題を一緒に考えていくためのトピックを述べています。各トピックでは、実際の経営者やキーマンとの会話を盛り込んで、具体的な面談のイメージをもっていただきやすいようにしました。

また、トピックの間には、「ケーススタディ」として、経営者やキーマンの方々との面談で役立てていただきたいマーケティングに関する具体例をいくつかご紹介し、その考え方が「面談でどう使えるか」を解説しています。前後のトピックとあわせて読んでいただくことで、より理解を深めていただけるでしょう。

本書が、企業経営者やキーマンの良きビジネスパートナーを目指している方々の現場で、少しでもお役に立つことができれば幸いです。

目次

目　次

第1講
仕事のほとんどは面談

雑談と面談

皆さんは、コミュニケーション能力をどのように磨いていますか。

いまや「コミュニケーション力」や「雑談力」は人間関係を豊かにするために欠かせない技術とされ、書店に行けば、コーナーがあるほどたくさんの書籍が並んでいます。

同時に、良い人間関係をいかに築き上げるかという「人間関係」に関する知識・スキル・ノウハウも多くのビジネスパーソンに必須のものとして認識されるようになりました。ロジカルプレゼンテーションや提案の話法に関するもの、いかにお客様の課題に即して自社の商品・サービスを提案するかという「提案営業」、「コンサルティング営業」に関するノウハウも数多く紹介されています。

しかし、雑談だけしていても、それだけでビジネスにおけるお客様との信頼関係は形成されません。雑談とは、天気の話であったり、お互いの趣味の話であったり、「本題に入る前のくだけた会話、お客様のビジネスにかかわりのない話」です。お互いの緊張感を和らげたり、場を和ませたりする潤滑油の役割を果たすのが雑談です。

雑談を繰り返した後に、おもむろに「では……」といって、自社の商品・サービスをロジカルに説明しても、商売につながる確率は低いでしょう。特に法人企業で経営層や実務のキーマン（実権者）との信頼関係が必要な職種では、そうはいきません。単に「面識がある」という理由だけで、ビジネス上の相談を受けることはまれでしょう。

図をご覧ください。お客様との関係というのは、「人間（個人）としての関係」と「ビジネス上の信頼関係」の二つの軸から構成されています。当然、「人間としての関係」が深まらない限り、ビジネス上の関係をつくることはむずかしいですが、「世間話をしている分には楽しいんだけど、会社の実情はあまり話せないんだよね」といったことがありえるのです。

継続的な面談が成り立つには、良好な「人間関係」に加えて、ビジネス上の信頼関係が欠かせないのです。

たとえば、「世間話」はよくするが、実はまだ相手の本音をつかみきれない、まだビジネスの話をきちんとしたことがない、という関係のお客様をイメージしてみてください。

いくらプレゼンテーションのスキルが高くても、この状態では実際の商談にはつながりません。雑談を繰り返しているだけでは、お客様の実態をつかんだり、課題を共有することができず、的を射た提案をすることがむずかしいからです。できるとしても「自社商品の紹介」や「一方的な売込み」にとどまるでしょう。また、この段階では、お客様も、「いきなり提案ですか」となり「この人となら、ビジネスの話ができる、してもよい」という気持ち、状態になっていません。そんななかで、いくら流暢なプレゼンテーションを行っても、お客様の支持は得られません。

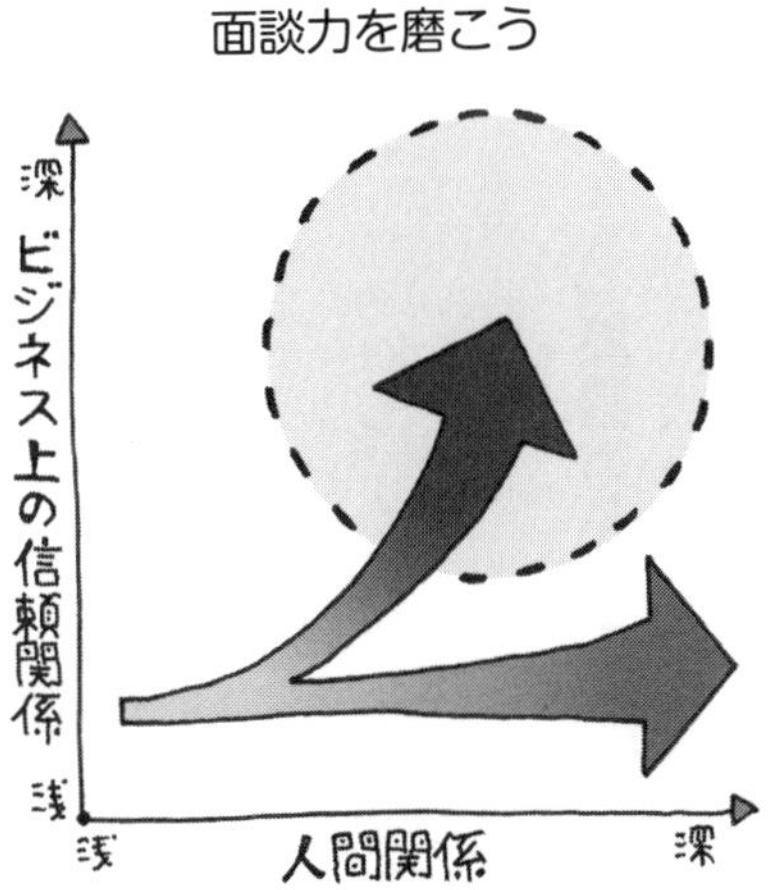

　一方で、挨拶もそこそこに「いきなり本題に」という場合もありえます。あらかじめ「提案依頼」を受けている場合や「商品やサービスの確認」といった、お客様自身からの「引き合い案件」のケースです。この場合は、お客様自身のニーズや要望がハッキリしています。

　依頼を受けた内容に沿った提案をお客様にお

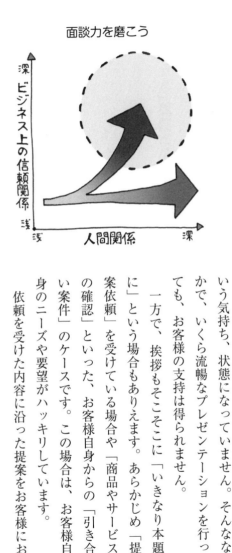

出しすれば、商談がうまくいくこともあるでしょう。ただし、「優良なお客様からの引き合い」には、ライバルの存在がつきものです。競合とのコンペになって、提供する商品やサービスに大きな違いがない場合、価格や金利といった「条件」での争いになることは目にみえています。具体的に「案件化」してしまってからでは、条件面以外で自社の優位性を発揮するのはむずかしいことが多いのです。

「面談力を磨こう」

この場面でもやるべきことは目にみえたニーズに対応しようとするだけではなく、「なぜ、その提示依頼なのか」その背景をよく知ること。質問によって時には、お客様自身もまだ漠然としか認識していないニーズに気づかれることもあるのです。

面談を行い、「案件」とはまだ呼べないような段階で、お客様からふと持ちかけられた相談にお応えする。あるいは、こちらからお客様の事業活動や関心事、感じている問題意識に関して質問を行い、結果としてそれがお客様が何をすべきかの「案件」となっていく。「相手の心に寄り添い問題を解決したい」という姿勢をもって交わされる会話が、「面談」なのです。

「面談」を重ねることで、お客様の活動の実態や、お客様が抱いている想いや悩みについて徐々に理解を深めることができます。その中で、お客様に「自社のことをわかろうとしてくれている」「私たちの役に立とうとしてくれている」と感じてもらえれば、相手のほうから「実は今こういうことに悩んでいて……」という本音の話も出てくるでしょう。そうなれば、あなたのもっている情報や能力を活かして、さまざまなアイデアや仮説も生まれてくるようになります。そうして段々と、顧客企業の経営者やキーマンとの間に「同じ課題や目標を共有するパートナー」としての信頼関係ができあがっていくのです。

図でいうと、縦軸（左下から右上）の方向にお客様との人間関係を深め、ビジネス上の信頼関係を築いていくコミュニケーション能力、これが「面談力」です。

「面談」を重ね、さらに、そこから取り組むべき課題を見つけ、具体的な提案につなげていくためには、経営者やキーマンに「この人と打ち合せをしていると、問題点が整理でき、新たな課題もハッキリしてくる。新たな気づきも生まれる」と思われることです。すべての「面談の場」が真剣勝負の場なのです。

第2講 経営者が望む「面談」とは

経営者やキーマンとの面談

営業担当者のなかには、「窓口の担当者とは話ができるが、経営者やキーマンと話をするのは苦手」という方が少なくないようです。たしかに、厳しい時期をくぐりぬけながら、事業をつくり、育ててきた経営者の方を相手に、同じテーブルで話をすることに気後れしてしまうのも無理はないのかもしれません。そういう意味では、経営者やキーマンとの面談においては、知識やコミュニケーション力が必要です。しかし、意識して訓練さえすれば、それは誰もが身につけられる能力なのです。

経営者やキーマンとの間に「円滑な関係をつくりあげていく」ためには、「この人となら話しをしたい、また会いたい」と思ってもらう必要があります。特に、現場活動に熱心な経営者は自分自身が営業活動に出たり、工場の現場に入ったりと多忙を極めることが珍しくありません。しがたって、経営者やキーマンに「この人と話をすることには意味がある」と感じてもらわない限り、そもそも面談のアポイントすら取れません。アポイントが取れたとしても、「会社対会社の付き合い上、最低限必要」の関係にとどまってしまうでしょう。

面談の基本は三つの〝タ〟

ここで考えてみたいのは、経営者やキーマンからみて、どういった「面談」であれば、「ぜひまた話をしたい」と思われるか、ということです。

「営業の心得とは何ですか」との問いかけに、あるアパレル会社の経営者がいわれた次の言葉が、この問いに対する答えを端的に表しています。

「営業の基本は三つの〝タ〟……顧客にとってタめになる、タのしい、タとえ話が豊か、であること」と。

その方はこう続けました。「アパレル業界、特に私たちの得意先である小売企業は今、厳しい事業環境にあります。営業担当者の役割は、商品説明だけでなく、いかに経営者の思いや悩みをくみ取れるか、商売の参考になる情報を提供できるか、にかかっています。

そして得意先のトップには『ヨシッ！　やってみよう』と元気になってもらわなければなりません。そのために、日頃から『三つの〝タ〟を鍛えることが大切である』と話しているのです。」

とてもわかりやすく、説得力のある言葉ではないでしょうか。先の「アパレル業界」を「金融関連業界」とか「ＩＴソフト業界」とか「食品業界」など、他のほとんどの業界に置き換えても、通じる話でしょう。日本は成熟市場ですから、「既存事業をよりよくする」「新規事業を創り出す」というアプローチで、経営者は悩んでいるのです。

この方は「営業が仕事に臨むときの心構え」として語っていましたが、本書でいう「面談」においても、この三つの〝タ〟が面談力をアップさせると考えています。

では、この三つの〝タ〟について、もう少し詳しく考えてみましょう。

ためになる―お客様のビジネスに役に立つこと

まず、一つ目の「ためになる」です。

これは文字どおり、いかにお客様のビジネスにとって役立つ話ができるかということ。

そうはいっても、「ためになる話をする」というと、いきなりハードルが高いように思われるかもしれません。業界にあって経験豊かな経営者から「いやあ、あなたの今日のお話、この質問が印象に残りました。ためになりました」などとおっしゃっていただけるなんて、そんなことがあるんだろうか。そう感じられる方もいるかもしれません。しかし、「ためになる」というのは、何も「むずかしい話」や「すごい話」をしなければならない、ということではありません。

大事なのは、「お客様にとって、ためになる」かどうかなのです。つまり、「自社・自分に都合のよい考えを押しつけたり、同意を求めるのではなく、お客様のビジネスや考えていることに関心をもつ、素朴な疑問に気づく、そのための対話であることが大切である」ということなのです。

世の中には一つとして同じ企業はありません。一社一社、事業の中身も違いますし、抱えている悩みや課題、将来の展望は異なります。したがって、お客様ごとに「ためになること」も異なるのです。お客様にとって本当に「ためになる」話をするには、あなた自身がお客様がもっている問題意識を丁寧に理解する。相手が苦労していることや考えていることについて質問してみる。そして課題を一緒に明らかにしていこうという熱意がまず必要なのです。

たのしい――常に前向きであること

二つ目は、「たのしい」です。

「たのしい」といっても、冗談やおもしろい話をすることではありません。それよりも大切なのは、「どんな環境においても、常に前向き・ポジティブであること」です。現在のような事業環境において、企業経営は必ずしも明るい話題ばかりではありません。むしろ、このままではいけない、と危機への対応に心を砕いている経営者が多いのです。そういうなかでも、「こうすれば、仕事の質がよくなる」「これまでのやり方が厳しいなら、お客様がもっている強みを組み合わせてみてはどうか」といったように前向きな話を積極的にしてくれる営業担当者は、経営者やキーマンから評価されるでしょう。

話をしているうちに相手が元気になる、そんな面談がいい関係を生むのです。

たとえ話が豊か——考えていることがうまく伝わること

三つ目は「たとえ話が豊か」です。

たとえ話の効用は、聞き手にこちらの考えていることがうまく伝わり、会話に豊かさが加わることにあります。

たとえば（これも一つのたとえ話です）、「御社の課題は新規開拓ですよね」といって質問を始めるのと、「御社が力を入れていることは新規開拓ですよね、これまで自動車業界で培ってきた品質にこだわる取組みや、柔軟な変量生産と納期対応は、たとえば、航空機や薬品・医療といった業界でも有効なのではないでしょうか。特に最近、×社の新方針が発表になり、それによりますと…」などと相手の意図を確認しながら話を進めていくのとでは、その後の会話のふくらみは大きく異なりそうです。こういった直接的な「具体例」に限らず、企業経営における話題を身近な話題に置き換えてたとえる、ということも、お互いに話したいことのイメージが共有でき、聞き手の理解を深めることに役立ちます。

「営業予算の達成はダイエットに似ていますよね。まずなんのためにやせたいのか、という目的があって、たとえば半年で五キロやせる、という目標を立てたとします。じゃあ、そのためには、毎日何をするのか、という具体的な計画に落とし込みますよね。毎日二キロ歩こうとか、夜の炭水化物を半分にしようとか。営業も同じで、半期の目標を掲げてやみくもにやるだけではなく、それを具体的な日々の計画に落とし込まないと、実際に進めることがむずかしいんですよね」といったぐあいです。

大事なのは、経営者やキーマンの「腹に落ち」、「また会って話をしたいな」と思ってもらえるかどうか、ということです。

では次講から、面談力をどのように身につけていくか考えていきましょう。

三つの『タ』

第3講 「面談力」を構成するもの

前講で、面談力をアップするためのポイントは「三つの夕、」だといいました。

では、どうすれば「お客様にとってためになり、たのしく、たとえ話が豊か」な面談ができるようになるのでしょうか。

それには、大きく次の四つの要素を磨くことが必要です。

① 基盤となるコミュニケーションスキル
② お客様（得意先）の役に立とうという心構え
③ 「経営」や「マーケティング」、「組織マネジメント」に関する知識と理解
④ お客様（得意先）や、業界に関する理解

順を追って説明していきましょう。

基盤となるコミュニケーションスキル

いかなる仕事にもコミュニケーションスキルを磨くことは必須です。

「コミュニケーションスキル」は、「相手の話を正確に聴く」「相手のことを理解する」「自分の考えをもつ」「相手に伝える」「相手の心を動かす」なども含めた双方向の会話そのものの能力です。

経営者やキーマンとの面談の場は、コミュニケーションスキルを磨く最高の機会です。コミュニケーションスキルは、きちんと努力すれば、必ずアップします。

お客様の役に立とうという心構え

第二に「お客様の役に立とうという心構え」です。

それはお客様の求めているものの実現を自分自身の歓びと感じることができるマインドといってもよいかもしれません。これがない限り、面談のレベルは高まりません。

いまや「提案営業」「コンサルティングセールス」「ソリューション営業」といった言葉はすでに定着し、「自社の商品を販売するだけではなく、顧客の抱える問題・課題解決が大事だ」ということは広く認識されてきています。しかし、本当の意味で、自分の仕事を通して「お客様の役に立とう」という意識をもつことができているか、いま一度振り返ってみましょう。

「自社の商品やサービスを売るために、お客様の実態や関心事を把握しないと」という心構えになっていないでしょうか。あるいは「商談に至る前はいろいろとお客様のことを調べたりするけれど、商談が成立してしまったら、それで終わり。営業力とは商品やサービスを売り込むこと」となっていないでしょうか。「お客様のお役に立ちたい」と思えば、全力で相手が考えていること、商売の成長の要因や苦労したこと、新しい事業への取組み、市場での競合などに、強い関心や疑問が浮かんできます。

自分たちの事業活動に本当に関心をもってくれているかどうか、面談相手の経営者やキーマンは、あなたのちょっとした一言や普段の言動からよくみています。

経営・マーケティング・組織マネジメントに関する知識

三つ目の「『経営』や『マーケティング』、『組織マネジメント』に関する基礎知識と理解」は、少しむずかしく感じられるかもしれません。しかし、企業の経営に携わる方々と面談を行うには、経営者が語る「経営」や「事業」について質問し、理解することが求められます。

経営の教科書や理論書、経営者が書かれた書籍を読むことも大事なことですが、何より勉強になるのが経営者や実権者との面談です。

経営者やキーマンの経験談や考え方を直接うかがえる、また手がけてきた商売に関して、その場で質問できる機会は、誰でももてるわけではありません。そのチャンスを十分に活かして、相手から必ず何かを学ぶんだという意識をもち続けながら、経営者やキーマンと面談を重ねることで、あなたなりの「経営とは」「マーケティングとは」というものの見方や考え方が培われていくことでしょう。

お客様や業界に関する理解

四つ目は「お客様や、関連する業界に関する理解」です。

企業も、人も、常に実現したい夢や目標をもっています。そしてまた、現状をよりよくしたい、と考えています。同時に悩みや解決したい問題を抱えています。

「お客様の現状をよりよくするために」相手に質問をし、しっかりと聴き、意見を述べる、アイデアや情報を提供する、提案を行う。そのためにもお客様のことを深く理解することはとても大切な作業なのです。とはいえ、これをきちんと行うことは簡単ではありません。お客様もいきなり信頼してすべてをオープンにしてくれることはありません。

ですから、自分自身のできる範囲でお客様にかかわる業界のこと、そして現在の事業活動を時系列に沿って勉強しつつ、少しずつお客様に質問しながら教えてもらえばよいのです。

大切なことは、相手の事業活動そのものへの好奇心です。お客様のことを理解していこう、という積極的な行動自体が重要なのです。

次講からは、面談に臨む際の心構えやお客様（得意先）に何を聞くか、どのように話せば、相手に伝わるか、お客様のビジネスや考え方をいかに理解していくか、など面談力を高めるためのヒントを説明していきます。

第4講 話しやすい聴き手になる

面談上手は〝聴き上手〟

面談をしている相手に「この人にならば、あの話をしていい」と受け入れてもらえるかどうか、そこにその後の展開のカギがあります。面談をうまく進めるためには、何を話すか、提案するかということ以上に、まずは「聴き上手」であることが求められるのです。「聴き上手」になるために、面談で心がけておくべきことが四つあります。

① 相づちをきちんと打つ
② 反復する
③ 何かにたとえて問いかける
④ 話のなかからポイントを見つける

では、順に説明していきましょう。

相づちをきちんと打つ

聴き手として最も大切な姿勢は、面談相手に「あなたの話をちゃんと聴いていますよ」という合図を送ることです。話の大事な場面でうなずいてもらえたり、よいタイミングで相づちを打ってもらえると、相手は話を続けやすくなります。あなたの「そうですか」「なるほど」「それで」という、ほんの一言が、話を前へ進ませるのです。

M電機という会社の役員（Sさん）にこんな話をうかがったことがあります。

M電機のM前社長との面談はいつも「S君、ちょっと来てくれへんか」と声をかけられて始まるのですが、M前社長はずっと話を聞くだけだったそうです。聞きながら、小さくうなずかれたり、「そうか」「なるほど」「それからどうなった」などの相づちで話を促すだけです。気がつけば、話し手が一人でいろいろしゃべっているのですが、話をすることで、話し手は頭のなかも整理できるし、自分が考えていることにあらためて気づいたりもするのです。M前社長は、話を聞くだけで話し手の思考を一歩先に進ませる、最高の聴き手だったそうです。相づちも、打ち方次第で話し手の問題解決に影響を与えることさえある、という良い例だと思います。

「この人に聞いてもらうと課題がハッキリするな」と相手に思ってもらえれば「また会いたい」となり、次の面談につながります。

「反復する」ことで「聴いている姿勢」が伝わる

その話をもう少し聞きたいときには相手の言葉を「繰り返し（オウム返し）」で聞き返すことも有効です。たとえば、「先日、○○の案件で、上海に行ったんだけど」と相手がおっしゃったとして、「○○の案件で、上海に行かれたんですね」と反復するのです。ちょっとくどいように思われるかもしれませんが、反復することにより、確実に「聴いている姿勢」が伝わります。

特に、会話のなかで初めて耳にするような専門用語が出てくる場合は、反復して自分でも口に出してみるとよいと思います。意味や内容がわからなくても、同じ言葉を使って反復したり、質問してみるのです。

口に出してみることで、その言葉にも慣れてきて、自分の勉強にもなりますし、また、相手と同じ言葉を使うことで、同調できる効果もあります。

何かにたとえて問いかける

会話を深める方法の一つに、「何かにたとえて」問いかけるやり方があります。

「先ほどおっしゃったのは、こういうことですよね」「それはたとえば、こういうことですか」など、相手のこれまで話した内容を引用しながら、自分の言葉に置き換えて問いかけるのです。いったん、「自分なりの言葉に置き換える」ということがとても大事です。話を聴こうとする姿勢が相手によく伝わりますし、実際に自分がどの程度話を理解しているかを相手に確認してもらえるからです。

そうすることで、相手が本当にいいたいことは何なのか、より深く理解することができます。そして相手には「この人は私の話をよく聴いて、わかろうとしてくれている」と思ってもらえます。

また「何かにたとえて」言葉の意味や考えを確認することで、お互いのイメージを共有しやすくなります。

ほかにも自分の理解や興味を言葉だけではなく、絵や図で示して、視覚に訴え、問いかけてみることも効果的です。

話のなかからポイントを見つける

会話のなかで、ある問いをきっかけにお客様が熱く語り始めることがあります。あなたが事前に質問などを用意していたり、ほかに聞きたいことがあったとしても、そういうときは無理に話をさえぎらず、思いっきり語ってもらうことが大事です。

その話のなかに、こちらが聞きたいこと、そして次の質問につながる大事な言葉やポイントが入っているはずです。大事なポイントは、さりげなく語られた言葉のなかにこそ隠れているものなのです。

意識してそのポイントを見つけましょう。そしてお客様の話がしばらく続いた後、「いまうかがったお話のなかに興味深いポイントがいくつかありました。そのことについてもう少し聞かせていただけますか」と、相手の話したい内容と、こちらが聞きたい大切なポイントを結びつけるのです。

話し手の話したいことに寄り添って話を聞いていく、これは聴き上手になるための大事なポイントですから、ぜひ、意識して面談に臨みましょう。

第５講 思いは行動で表す

最初から本音を語る経営者はいない

「お客様が本音を語ってくれない」「内情をなかなか教えてくれない」と感じる営業担当者の方も多いと思います。しかし、焦る必要はありません。私たちが認識しておかなければならないのは、最初から営業担当者に本音で話したいと思っている経営者なんていない、ということです。物販であれ、サービスであれ、なんらかの商談の場合でも「余計なものは売り込まれたくない」と思っているものです。また、相手によっては「少しでも自分たちのことをよくみせたい」と建前で語る人もいます。

したがって、「この人になら本音で話ができそうだ」と思ってもらえるように、こちらが距離を縮める努力をする必要があるのです。

そのためのポイントは、「お客様の気持ちを推し測ること」、すなわち相手の心のなかは今、どのような状態になっているのかを想いやることです。

二つほど例をみてみましょう。

体験を活かして、きっかけをつかむ

お客様の商品やサービスが体験できるものであれば、実際にそれを体験してみて、その感想を伝える、というのも距離を縮める一つの方法です。

渉外担当者Aさんは、これまで新規先として飲食店チェーンG社の経理部門の担当者を訪問していましたが、あるきっかけで社長と面談できることになりました。それは、担当者がAさんの話に関心をもってくれたからです。

Aさんは G社を訪問するにあたり、事前にG社の飲食店を数店舗回り、実際に食事をしました。そして、各店の清潔さや店員の接客態度、料理を出す順序や味についての感想をまとめ、担当者に話したのです。Aさんの話を聞いた経理担当者は「ぜひうちの社長にもその話をしてください」と面談の日程を調えました。

なぜ、経理担当者はAさんを社長に紹介しようと思ったのでしょうか。

一つはその話の内容です。一般的に、飲食店やサービス業を経営する人は、実際のお客様の本音はどうか、お客様から自社の店舗や従業員がどのようにみられているか、ということに常日頃から非常に高い関心を寄せているものです。同時に、実際に時間と労力を割いて、自分の足でG社の飲食店を回った行動を通じて、「本当に自社のことをみてくれようとしている」というAさんの真剣さが伝わったのでしょう。

後日、G社社長にお会いしたAさんは、社長の考えや思いを直接うかがうことができました。自身のレポートをきっかけに、Aさんは、担当者はもとより社長との距離を縮め、その後の本格的な商談につなげたのです。

社内を巻き込む

時には、社内の人に協力してもらう、というのも重要な方法です。

渉外担当者のBさんは、新規先としてK洋菓子店を訪問しています。初めて訪問した時、Bさんは「最近力を入れていらっしゃる商品はどちらですか？」と店長に尋ね、店長は「先日発売を始めたこのケーキです」と新商品を紹介してくれました。

Bさんはそのケーキを買って支店に戻りました。そして「パッケージの見た目、使いやすさ、扱いやすさ、菓子の見た目、味、個数、食べたいシーン、価格設定」などの項目を設定したアンケート用紙を作成し、支店のメンバーにその商品についての意見を聞いたのです。Bさんはこのアンケートの結果を一覧表にまとめ、K洋菓子店に出向きました。

アンケートを取ってくれたことに喜んだK社長はBさんに試作中の新商品についても話をしたいといってくれたのです。支店のメンバーも巻き込んで、「K洋菓子店の

ケーキ店で情報を提供

ビジネスに有益な情報を少しでも提供したい」というBさんの心がけがK社長の気持ちを開かせたわけです。

その後、Bさんの支店とK洋菓子店のかかわりは表面的な関係からもう一歩深い取引関係に入っています。

「できるだけ早く」というのもポイント

Aさんや Bさんのように、商品やサービスの意見など、「まず、相手のことに関心をもっている、理解しようとしていることをできるだけ早く示す」ことが重要です。

相手の役に立つような情報を提供したいといっても、たとえば「御社の新商品開発についてのアイデア」などといった本格的な内容に仕上げようとすると、さまざまな情報や知恵を集めてかたちにする必要があります。

こういった内容は、「相手の事業内容やその顧客についての情報の収集ができてこそ提案内容の精度があがる」時間のかかるものだと考えておきましょう。

それよりも、お客様との距離を縮め、人間関係をスムーズにしていきたい時には、まずは着手しやすいことからスタートして、「お、この担当者はちょっと違うな、うちのことをみてくれているな」と思っていただくことを目指しましょう。

ここでは、わかりやすく、飲食店やケーキ店といった消費者向け商品やサービス（B to Cビジネス）の例でお話ししましたが、企業向けの商品やサービス（B to Bビジネス）であっても、原則は同じです。たとえば、「雑誌記事で御社のビジネスにかかわりがありそうな記事を見つけたので、コピーをおもちしました」とか、「御社の商品の販路開拓に役立ちそうな展示会があったので、いくつかのブースで話を聞いてきました」といった相手に話したい「何か」を準備することです。

大切なことは、「本音で話合いができる環境づくりに向けて、できるだけ早く、行動で示す」ことです。

第６講

あなたはどう思いますか

「最近どうですか」

Ｋ社長とお付き合いが始まって間もない頃のことです。挨拶をすませると、面談は社長のこの一言から始まりました。その日はこの問いかけを、私自身にかかわることと受け止め、自分の近況などをお答えしてから本題に入りました。

ところが、その次の訪問時にもまた、Ｋ社長から「最近はどうですか」と聞かれたのです。

前回の訪問からそれほど日もたっていないのに……と思った私は、その時にハッと気がつきました。

このときのＫ社長の質問の意味は、「最近の世の中の出来事で、経営者として気をつけておくべきことはなんですか？」ということではなかったか、と感じたのです。

私は早速、Ｋ社の事業活動に関係がありそうな出来事を、イメージしやすいように話しながら、K社長の考えを聴きました。
いまでもK社長との面談は、この一言から始まります。
相手からの質問には必ず意味があります。相手が自分に何を聞きたいと考えているのか。まずそれを知ることが大切です。

渉外担当者のDさんが、G文具店のG社長と面談しています。

G社長「Dさん、外部の方からみて、私どもの店の雰囲気は、どのように感じられますか？」
Dさん「そうですね、店内で商品を眺めながら過ごすちょっとした時間で、気分転換でき、心地よく過ごすことができるので、私もうかがうのが楽しみです。ビジネスチャンスにつながっているのではないでしょうか」
G社長「それは嬉しいですね。扱う商品の選定には、売れ筋や機能面だけではなく、季節や行事に合わせて、お洒落さ、ユニークさ、面白さなども大事にしています。社員についてはどうですか？」

Dさん「いつも笑顔で挨拶されるのが気持ちよいですね。店内での対応や言葉遣いも自然で丁寧なのが印象的です」

G社長「ありがとう！　挨拶と言葉遣い、それに報、連、相は徹底して教育していることなんだよ。実は今、今年採用の新人に向けてどのような教育体系を組もうか、人事部長と話し合っているところでね。特に大切なのは、入社してから三年間の過ごし方を考えることだと思うんだけど、何かアドバイスをもらえませんか」

Dさん「私のような若輩者がお役に立てますかどうか……。いまだに社会人として当たり前のことがきちんとできているのか、反省することも多いのです」

G社長「いやいや、Dさんのこれまでの訪問態度をみていて感心しているんですよ。いつも心がけていることや、体験談などをぜひ聞かせてくれませんか」

「あなたはどう思いますか」

この相談自体は、Dさんの訪問目的とは直接関係がないかもしれませんが、相手はその時点で最も気になっていることを話題にしたのです。

一定の面談ができるようになると、「○○について、ご存じでしたら教えてくれませんか」「これについて、あなたはどう思いますか」など、相手から質問や意見を求められることが増えてきます。社員にも取引先にもまだ明かせないことを相談されることがあるかもしれません。

信頼関係ができたと感じた時から、質問の意味やその背景など、聞きにくいことも聞けるようになります。話に注意深く耳を傾けているうちに、相手の問題意識や思いから、いままで気づかなかった重要な一面を知ることもあります。

また、相手の相談事からあらためて注目すべき課題や新たな質問が生まれてきます。

面談相手から相談や意見を求められる関係になるということは、相手との絆が深まってきたということです。

「あなたはどう思いますか」の問いかけを、相手との人間関係を深める良い機会ととらえ、しっかり対応しましょう。質問の意味を深く読み取り、自分のこととして本気で向き合うことができれば、あなたへの信頼感はおおいに高まるでしょう。

第７講

良いところを見つけ、伝える

苦言や指摘は関係ができあがってから

お客様と距離を縮めたり、関係をつくっていくための第一歩として、お客様の良いところを見つけ、お伝えすることがとても大事です。「もっとこうしたほうがよい」「こういうところが問題だと思う」といった話は、いくら「お客様のためを思ってものをいっているつもり」であっても、関係ができていない段階でお伝えするのはリスクが大きすぎます。

経営者も人間ですから、「うちのことをよく知りもしない人間にいわれたくない。話しにくい」と感じられる可能性が非常に高いでしょう。十分な信頼関係を築く前には、「気づいた問題の指摘」よりも、むしろ「良いところ」に着目して褒めるのがよいのです。

それは決して「お世辞をいう」ことではありません。あくまで、外部の第三者からみた「あなたの会社はこういうところがよいですね」という良さを、具体的に伝えることです。その内容は必ずしも、お客様の製品の技術や性能、サービスの中身といった、直接的に事業にかかわる内容である必要はありません。そういった事業・ビジネスにかかわる話は、ある程度、お客様に事業の中身をお話しいただかないと、良いところも見つけにくいからです。

むしろ、日常的に労力をかけているけれど、なかなか外部の人には気づかれない部分に着目すると、印象も高まるでしょう。

掃除はモノ言わぬ営業マン

精密機械を製造しているM機工を、Cさんが訪問した時のことです。

担当先として訪問を始めたばかりのCさんは、いつものようにM機工の事務所からいちばん遠い駐車場に車を置いて、事務所の経理部門に向かいました。

工場や事務所の周りは、掃除が行き届き、常緑樹や針緑樹が植えられ、花が美しく咲いています。その印象をCさんは経理課長のDさんに話しました。

するとDさんは、

Dさん　「私たちの会社では創業時から、『いかにベストな環境をつくるか』を大切にしてきました。それは工場でつくる商品に対してはもちろん、働く人にとっても、来客される方々や地域の人々に対しても「ベストな環境」をつくるという意味です。先代の社長は社員が出社する前に、率先して正門の周辺をホースで洗い流していました。掃除は大切なのです。汚れているから掃除するのではなく、ベストな環境をつくるために掃除をしているのです」

Cさん「なるほど、それはすばらしい方針ですね。お客様も、御社の商品なら信頼できると思われるでしょう。」

Dさん「そうですね。掃除はモノ言わぬ営業マンですよ。Cさんがいつもいちばん遠い駐車場に車を停められるのは、工場や建物の周辺までよく観察するためだったのですね。気になることがあったら、またぜひ教えてください」

お客様の良いところを見つけるには、実際に現場をみて気づくこと。気づいたことを伝えられた相手は「本当に私たちの会社のことに関心をもってくれているのだ」と心を動かされるのです。Cさんは次回の訪問時に工場を案内してもらえることになりました。

このように、お客様のことをよく観察し、良いところを見つけ、お伝えすることで、少しずつお客様も信頼して、より多くの情報を出してくれるようになるのです。

大事なことは、お客様に関心をもち、お客様がよりよくなるために、お客様のことを知ろうという意識がもてるかです。好奇心をもって、お客様の良いところを「観察」してみましょう。

第8講

素直に相手と向き合おう

素直な気持ちで相手に向き合うために

初期面談で、相手を理解するために大切な心がけの一つは「先入観にとらわれない」ことです。

誰でも、初対面の人と会う前は緊張するものです。そのうえ、相手について事前にマイナスイメージをもっていては、不安や戸惑いが先に立ってしまいます。

たとえば、「過去には取引があったが、前経営者はそのときの取引スタンスに不満をもっているらしい」「窓口になっている○○部長は、気むずかしい人だから、言葉遣いに気をつけなければならない」などの情報がインプットされてしまうと、思い込みをもって相手と向き合うことになってしまいます。

もちろん、訪問するにあたって、事前に相手の事業の概要や、商品・サービスをチェックし、その事業にかかわる業界の動きやトピックスなど、関連する知識を頭のなかに入れておくことは必要です。しかし、そのうえで大切なことは、「知ったかぶりをせず、目の前の相手と率直に向き合うこと」です。

「事前に資料を読んで、勉強はしてきました、でも実はまだまだ知らないことがたくさんあります、ぜひ教えてください」という素直なスタンスで臨むことです。

事前の情報をもとに、おそらくこうだろうと自分で判断したうえで質問ばかり続ける人より、相手の話を本当に面白そうに聴く人とのほうが、会話は弾むでしょう。


渉外担当者のWさんは、木管楽器の製造販売をしているE社を訪問しました。

E社は近隣にありながら、「先代の社長以来続いている他行との取引関係が強固」で「財務内容もよく」「新規取引はむずかしい」と、これまでいわれ続けていました。

今回の面談は、相手に話をしてもらうこと自体が目的です。その入り口として、E社長の事業にかける想いや経営者としての苦労などをうかがえたらと考えています。

Wさん　「E社は、地元を代表するモノづくり企業として古くから有名ですが、お客様は世界中にいらっしゃるのですね」

Ｅ社長「はい。私たちがつくっている木管楽器は、子どもさんのお稽古用から世界で活躍しているプロの奏者が使用するオーダーメイドの楽器までさまざまなものがあります」

Ｗさん「私はこれまで、均一な製品をつくることこそが大変で、大事なことだと思っていました。それだけお客様の層が厚いと、それぞれどのように対応されているのですか？」

Ｅ社長「それはもう多岐にわたっています。ヨーロッパの著名な音楽家などは、材質などにもこだわりをおもちですから、細かいご希望をうかがいながら一つひとつ製作しています」

Ｗさん「なるほど。これほど長い間にわたって、世界的な奏者の信頼を得る御社の強みはなんだとお考えですか？」

Ｅ社長「そうですね。奏者の表現はそれぞれに異なるものですが、それに応えられる楽器をつくる、ということをいつも考えています。そして、常にベストコンディションで演奏していただけるようお客様の楽器を拝見し、点検・修理・調整をします。また、音質や音色の相談に至るまで気が抜けません」

Wさん　「そこが世界的に評価が高い理由の一つですね。E社長は、社長に就任されて三年ほどとうかがっておりますが、ご苦労なさっていることなどはありますか?」

E社長　「苦労といえるかどうかわかりませんが、うちには先代からの職人たちが多くいます。腕利きの彼らが仕事をしやすいように、環境を整えることがいちばん大切ですね。職人さんあっての会社ですから」

Wさん　「なるほど、いわば現代の名工ですね。そんな職人さんがつくられた楽器にとても興味があります。御社の楽器を使っておられる奏者のコンサートをぜひ聴いてみたいです。次に開かれる演奏会の詳しい日程など、教えていただけませんか?」

木管楽器製造の現場で

E社長　「いいですよ。よかったらちょっと工場を覗いていきますか？」

実際に出会って話を聞き、あらためて気づいたこと、少しでも「なるほど」「面白いな」「すごいな」と思ったことを、素直な態度で相手に伝えましょう。

そして、またこの人に会ってしゃべりたいと思われる聴き手になりましょう。

第9講

プラスαでフィードバックする

あなたが誰かに、何かを依頼するときのことを考えてみましょう。「こんな些細なことに対応してくれるかな」「早く返事がほしいな」「意味は伝わっているだろうか」といったことをはじめとして、ほかにもいろいろと思うことがあるでしょう。

逆の立場で考えると、人から何かを頼まれたときには、このような相手の気持ちを推し量り、丁寧にフィードバックすることがとても大切です。

適切なフィードバックをするための三つのポイント

フィードバックするときに心がけておくことは次の三点です。

① 丁寧に
小さな約束事にこそ手を抜かず対応する。

② スピード

できるだけ早く、こちらの考えを返す。

③　気働き

相手が何気なく発した一言にさりげなく対応する。

この三つのポイントのなかで最も大切にしたいのは、三つ目の「気働き」です。相手の依頼にただ応えるだけでなく、あなたがいまできることを工夫して、相手を思って少し時間をかけて対応するのです。そのためにはどういうふうに聴くか、どんなプラスαを提供できるかを考えましょう。

渉外担当者のDさんは、B接骨院を訪問しました。

院長とその息子さんが経営しているこの接骨院は、駅前通りから一歩入った場所にあり、創業から二〇年が経っています。

Dさんは、院長が顧客の維持や拡大をどのように考えているのか、うかがいたいと思っています。

Dさん　「最近の患者さんの傾向は、どのような感じですか？」

院長　「そうですね、腰痛、ひざ痛の相談は以前から多いのですが、最近は骨盤矯正の希望や、ＰＣやスマートフォンの使用による首筋痛の相談も多いですね」

Dさん　「最近、駅前周辺に短時間で肩や足の疲れを取るクイックマッサージ店が増えていますね。競争が激しくなっていると思いますが、Ｂ接骨院さんではどのような対応をお考えですか？」

院長　「私どもは国家資格を取得していますので、所定の場合には公的保険が適用できます。それと、うちは整体もしますので、全身のバランスを診てから施術します。そこがよくみかけるマッサージ店との大きな違いですね。

腰痛やひざ痛などは、すぐに完治できるものではないですから、患者さんとは長いお付き合いになります。患者さんが自宅でもできる体操も教えているので、患者さんに喜んでいただいています」

Dさん　「継続して治療したい患者さんには、嬉しいですね」

院長　「ただ、予約制にしているのですが、急な患者さんへの対応がうまくできなくて、長時間待ってもらうことがあったりします。逆に日によっては暇な時間があったりするんですよね。いろいろ対策を考えてはいるのですが……」

事務所に帰ったDさんは、支店の同僚にB接骨院の話をして、これまでこの接骨院や他のカイロプラクティックなどを利用したことのある人に、意見をもらうことにしました。

同僚からは次のような意見が集まりました。

・院内が清潔で、着替えを用意しているのがよかった
・初めて行った時に店の場所がわかりにくくて少し困った。通りに看板を出してはどうか
・健康保険を活用したい人と、それ以外の施術を希望する人とで時間帯を分けてはどうか
・待ち時間に、無料で使用できる健康器具を置いてはどうか
・インターネットを活用して、ＰＲをしたり、予約の確認や受付をしてはどうか
・体操教室を開いてはどうか

Dさんは、それらの意見をまとめて再びB接骨院を訪れました。

院長は、Dさんが自分のちょっとした話を覚えていて、時間を割いて考えてくれたことに感心し、Dさんが集めてきたいろいろな意見を、早速検討して取り入れていきたいと喜んでくれました。

その後、院長との関係は続き、B接骨院を子息に承継する際のアドバイスを頼まれ、支援する約束をしたのです。


まずは小さな約束事にきちんと取り組むことが大切です。そのうえで、相手の話をよく聴き、気づいたこと、相手の求めていることをキャッチして、求められたこと以上のフィードバックをさりげなく行うことを心がけてみましょう。

その内容はささやかなものであっても、必ず相手に伝わります。

その心構えが長く付き合える関係につながるのです。

第10講

事前準備が面談を豊かにする

面談に準備は不要？

「面談力」というと、まさに「面談のその場」で発揮される力のように思われるかもしれません。「まずは足しげく通って、人間関係をつくることが大事だ」と考え、具体的な商品やサービスの提案である「商談」のとき以外は、事前の準備は特にしない、という方もなかにはいらっしゃるかもしれません。しかし、経営者やキーマンとの面談がお互いにとって実りのある、有意義なものになるかどうかの多くの部分は、事前準備にかかっています。

事前に質問を三つ用意する

まだ自分がお客様のことをよく知らない、これから関係をつくっていく、という段階では、面談で効果的な質問ができるかどうかが重要です。そのために、事前にどんなことを面談で質問するかを考えておく必要があります。訪問先の企業のプロフィールや、関連するトピックについて、社内の情報やオープンになっている情報源から集め、チェックしておきましょう。そうすることで「これについて聞きたい、知りたい」ということがいろいろ出てくるはずです。そのなかから質問のテーマ（切り口）を三つ程度準備しておきましょう。テーマが一つや二つだと、そのテーマに経営者の関心がない場合や、そのテーマについて経営者があまり話したがらない場合に、話題が続かない可能性がでてきます。また質問しようとするテーマが多すぎると、それらすべてを聞くことばかりに気がとられて、一つひとつのテーマを深く掘り下げることができなくなってしまいます。

したがって、「おおよそ三つくらい」というのがちょうどよいのです。

はじめは仮説から

質問のテーマを考えるにあたっては、「事前の仮説」をもつことが重要です。

まだお客様のことをよく知らない段階では、もっている情報は限られています。

ホームページや会社案内に書かれていること、前任者から引き継いだ情報といった限られた情報をもとに、「お客様はこういうことに関心をもっているのではないか」「こういう話題はどうだろうか」など想像力を働かせてください。あくまで「仮説」ですから、その事前の想像は間違っていてもかまいません。面談のなかで、仮説を確かめ、修正していけばよいのです。同じ業種や、よく似た規模の会社で、取り組んでいることなどをイメージし、それを参考にすれば仮説が組立てやすくなります。「仮説をもって面談にあたる」という習慣を繰り返していくうちに、その仮説の精度も徐々にあがっていくでしょう。

ある程度、お客様の事業内容も理解し、お客様との関係ができてきた段階では、お客様の事業内容やお客様の問題意識に沿って、事前準備を行いましょう。たとえば、「人材の若返りのために、新卒の募集を行っているが、なかなか人が集らなくて困っている」という経営者がいらっしゃったとします。そんな場合には、人材の採用や定着で成果をあげている他の中小企業の事例を調べておくことで、自信をもってそれを話題にすることができるでしょう

毎日が事前準備

どんな事業活動に携わっている人たちでも、現在の事業活動をもっとよくしたいと考え続けています。訪問先のお客様の悩みや関心を引き出すための質問を考えるうえでも、また、課題を発見し、提案の切り口を見出すためにも、関係する業界全体のニュースや気になる経営者のインタビュー等を調べたうえで、面談に臨みましょう。

「多数のお客様を抱えていて、訪問先ごとに事前準備をしている時間がない」という方もいらっしゃるかもしれません。毎回ゼロから「さあ、調べるぞ」とやっていたのでは、たしかにいくら時間があっても足りません。大事なのは、普段から自分のアンテナを広げて、気になるトピックや情報を常々ストックしておくことです。毎日読む新聞記事やニュースも、お客様との話題やお客様に役立つ情報の宝庫です。現在では、インターネットでのニュースも含めて、さまざまな情報があふれていますから、「情報を集める」というよりも、むしろ「あふれる情報の渦のなかから、いかに担当するお客様に役立つ情報をすくい取ることができるか」が面談力を左右するスキルとなっているといえます。

では、「アンテナを広げる」とは具体的にどのようにすればいいのでしょうか。

アンテナの感度は、お客様のビジネス、お客様の問題意識を「自分ごと」としてとらえられるかどうかにかかっています。自分がその会社を経営するとしたら、自分がその会社の経営の幹部だったとしたら……。そういう意識があるかどうかで、日々接する情報の受け止め方も大きく変わってくるのです。

その意識をもって、日頃から「オヤッ！」と思ったこと、気になること、感動したことをストックしておきましょう。そしてそれが、お客様の商品やサービスにどう結びつくかを考えてみるのです。

たとえば、毎朝、新聞記事のなかから、お客様につながる記事を三つ選ぶ、この習慣を身につけておくと、関心の領域が広がっていきます。「この記事は取引先に関係するかも……」という目で読んでいると、経済欄だけでなく、社会欄や文化欄など、意外なところから記事が目に飛び込んでくるようになります。関心領域が広がることで、お客様の事業活動を理解するための「聴く力」も磨かれるのです。

第11講 新聞を「話題づくり」に活用する

人との会話を豊かにするために、「新聞を読むこと」は大きな手助けになります。「情報なら新聞でなくとも、インターネットからいつも得ているけれど」と思われるかもしれません。たしかに、情報のスピードではインターネットにはかないません。しかし、あえて「新聞」をお勧めしたいのです。

インターネットの発展によって、自分の興味のある情報を選択して、簡単に入手することができるようになりました。けれども、面談する顧客の幅や、仕事の領域が広がってくると、自分が興味のある情報だけではすまなくなります。

新聞を読むことは、世界全体の動きを俯瞰する目を養いますし、毎日読むことで、関心をもった出来事の続きや、その背景がわかってきます。

また一見、仕事とは関係のなさそうな記事ともつながっていくなど、思わぬ発見があります。自分の置かれた状況によって、目に入ってくる記事は変わりますし、何気なく読んだ記事や広告がきっかけで、いままで思いつかなかった新たな考えや疑問がわいてくることもあるのです。

活用は三つの流れで

新聞の活用といってもごく当たり前のことで、誰もが身につけられる方法です。次の三つの流れで日々実践してみましょう。

①　まずはざっとみてチェックする

新聞の全ページをざっとみて、そのなかから少しでも気になった記事、面白いと感じた記事、関係のありそうな記事をチェックします。関係がありそうな記事とは、現在の取引先や、新たに訪問を考えている顧客に、結びつきそうな記事です。

②　その記事を切り取る

切り取った記事を読んでみて、あらためて気づいたことを整理します。そして、この動きはこちらの動きと連動しているのではないかなどと考えることができれば、経済や社会の流れを自分の視点でとらえることができます。

③　対話に活用する

蓄積された情報が、現在の取引先や新たに訪問を考えている顧客に、どのような影響や機会をもたらすのかを考えて面談に臨みましょう。

渉外担当者のKさんは、紙の印刷・加工を手がけているM印刷を訪問しました。今回の面談では、取引先との関係強化にどのような苦労があるのかをうかがうつもりです。

Kさん「ロビーに、お洒落なお菓子の箱や紙袋がいつも展示されていますね。それぞれ、お客様の要望でつくられたものですか？」

M社長「そうですね、基本的にはお客様の要望でつくるのですが、私たちの本業は、その要望を受けたときにお取引先の商品にかける思いや、こだわりをうかがって提案することにあるのです」

Kさん「たとえば、どのような……」

M社長「ある洋菓子店さんは、常に上質なお菓子を追求されているのですが、そのこだわりは、商品を包むフィルムや箱にまで及んでいるのです。食べる人が、箱を開け、お菓子の袋を手に取り、封を開け口に入れる、その瞬間にまで思いを込めているのです。ですので、お取引先からは商品の企画段階からそのコンセプトをうかがい、私たちが担う包装資材や箱の素材から構造、そして機能やデザイン案まで、一緒になってつくりあげるのです」

Kさん　「なるほど。パッケージにもさまざまな想いや工夫が凝らされているのですね。
　そういえば先日、空き箱を使った工作展が百貨店で開催されると新聞に載っていました。空になった菓子箱で紙飛行機やミニハウスなんかがつくれたら、子どもたちも喜ぶかもしれませんね」

M社長　「それは面白いですね。私たちも今後は紙を切ったり、折ったりして、紙のもつ可能性を広げたいと考えています。良いアイデアがあったら、また聞かせてください」

　毎朝、届けられる新聞の記事や広告のなかから、相手に関係がありそうな情報を意識的に見つけ出し、切り取る。そして、面談に活用する。こうした小さな心がけが面談の場で活きてきます。

お客様との面談の場で、経済紙を読んでいれば当然知っているような出来事を「知らないです」と返すか、自分なりの情報を加えて相手に話すことができるか。その小さな積み重ねの差は、とても大きくなるのです。

第12講　メモする習慣をつける

記憶より記録

テレビをみている時、また雑誌や新聞を読んでいる時、「これは！」という言葉や考え方に出会うことがあります。「これは面白いな。仕事にも使えそうだし、覚えておこう」とその時は思うのです。ところが、後で思い出そうとしても出てこない……そんなことがありませんか。

「オヤッ！」というものとの出会いや、ふっとひらめいたアイデアは、即その場でメモしておく習慣をつけましょう。アイデアやひらめきというものは、いつどこで頭に浮かぶかわかりません。すぐにメモができるノートや筆記用具を身近なところに置いておくことも習慣にしてしまいましょう。

面談の際にもメモは有効です。話の要点を記録することは当然ですが、熱心にメモを取りながら話を聴く、その「姿勢」を示すことも大切なのです。
ただ、この時に下を向いたままメモを取り続ければよいというわけではありません。アイコンタクトを意識しながら、同時にメモを取る技術を身につけましょう。なぜなら、相手の目をみて話をすることで、「口に出してはいわない」本音や、こちらに対する思いを受け取ることができるからです。そして、相手の表情や仕草から受け取った情報も、きっちりメモに加えましょう。

渉外担当者のWさんは、肉牛を育てているY牧場を訪問しました。
今回の面談では、牛ビジネスの特徴や苦労する点についてうかがいたい、と考えています。

Wさん「牧場を拝見しましたが、とてもきれいにされていますね」
Y社長「牛さんは清潔なところが好きですからね」
Wさん「牛さん、と呼ばれるのですね。清潔な状態を維持するのは、手間がかかるのではないですか？」

Y社長「手間がかかっても、清潔にしておくことで病気になりにくくなるし、牛さんのストレスも軽くなるのです」

Wさん「人間で考えてもたしかにそうですね。ここでは牛さんが大きくなるまで、どれくらいの期間をかけて育てられるのですか?」

Y社長「うちでは、仔牛を市場で仕入れてから出荷するまでの約二〇カ月あまりを育てています」

Wさん「少しメモしながらうかがってもよいでしょうか（スケッチブックを机の上に出す）」

Y社長「へぇ、いつもこんな大きなメモ帳を持ち歩いているの?」

Wさん「はい、いつもこのスケッチブックに、メモを取らせていただいているんです。書くことで大事なこともみえてきますので」

Y社長「なるほど、たしかにそのとおりだね」

Wさん「牛さんの一生について、もう少し教えていただけますか?」

Y社長「繁殖農家で生まれた仔牛は、去勢・離乳をして、約一〇カ月くらいで家畜市場に出されます。私どもは、そこで仔牛を仕入れて、この牧場で約二〇カ月育てるのです。その後、食肉市場を経て、皆さんのところに届くわけです」

Wさん「ずいぶんと長い期間がかかるものなんですね。最近は食の安全・安心やブランドが求められるようになっていますから、牧場の環境整備や飼料にも気を遣われるでしょうね」

Y社長「うちでは個体識別管理といって、一頭ごとに肥育場所や飼料の種類などを確認できるようにしています。でもいちばん大切なのは、愛情を注いで育てることだね」

「メモは宝石箱」

Wさん「なるほど。きっちりと管理するだけでなく、育てる人の想いが大切なのですね。今後、力を入れていきたいことはなんですか？」

Y社長「今後は牛さんをもっと増やしたいですね。自社ブランドで、牛肉販売にも力を入れていきたいです。また子どもさんにも体験学習の場を提供して、命をいただくということについて知ってもらえたら、と思っています」

メモは、自分の記録として使えるだけでなく、相手とのコミュニケーションの場として活用することもできます。一枚の紙を囲んで、お互いの考えや思いついたことを書き込んでいく、白い紙が会話の場ともなるのです。

取ったメモは、その日のうちに読み返し、復習しておきましょう。そして新たに気づいたことを書き加えておきます。そうすることで、メモがあなたの知識や経験として、またアイデアのタネとして蓄積されます。メモは、あなたの第二の脳であり宝箱になるのです。

第13講

たとえ話を会話に盛り込む

それは、面白いたとえですね

面談で大事なことは、いつでも「相手の言葉のなかから大事なポイントを見つけよう」という意識をもって話を聴くことです。そして、「これ」と思った要点が見つかれば、そこを「たとえ話」で深めてみましょう。相手が思わず、「私が考えていたのはまさにそういうことなんです」と応じてくれるような話ができれば、お互いの理解はさらに深まるでしょう。

渉外担当者のGさんは、薬局経営者のFさんを訪問します。
今回の面談では、Fさんが最近力を入れていることから話をうかがうつもりです。

Gさん　「最近こちらの業界でも取扱商品が増えたり、サービス内容が変化してきているようですね。こうした動きについて、F薬局さんではどのように考えていらっしゃいますか？」

Fさん「そうですね。直接お客様と会話する機会が多いのは現場の薬剤師ですから、それぞれの店舗にいる薬剤師が、お客様との会話を通じて新たな取扱商品を選定したり、新しいサービスを考えることが多いです」

Gさん「新しい分野への取組みはお考えですか？」

Fさん「最近考えているのは、高齢者向けの介護分野ですね。たとえば訪問介護分野、それに保育所事業分野などにも関心をもっています」

Gさん「なるほど。新しいサービスの展開を考えていらっしゃるのですね。

　そういえば私の担当しているお客様がいくつかの事業を展開しておられる

つぎ木の教え

のですが、そのお客様から、新しいことを始めるときに大事にしている〝つぎ木の教え〟という話をうかがったことがあるんです」

Fさん「ほう、〝つぎ木の教え〟ですか。ぜひ聞かせてください」

Gさん「事業をつぎ木でたとえると、従来の事業を〝台木〟、新しい事業を〝つぎ穂〟と考えるのです。まず重要なことは、台木とつぎ穂の相性です。その方は親和性とおっしゃっていましたが、台木との相性がよくなければつぎ穂はうまくつきません。つまり、本業との相性の見極めがとても重要なのです。

第二には、タイミングです。相性を見極めた台木とつぎ穂でも、それぞれの最適なタイミングをとらえベストな時期につなぐことが大切です。

第三には、待つこと、見守ることです。つぎ穂に対する期待が高ければ高いほど、あれこれと干渉したくなります。しかし、つぎ穂から芽が出て、勢いがつき、育っていく過程のなかでは、手をかけずに見守る時期も必要です。つぎ穂である新規事業の早い成長も望んでしまうものですが、やはり待つ時間、見守る姿勢が必要だと、そのお客様はおっしゃっていました」

Fさん「なるほど、面白いお話ですね。おおいに参考にさせてもらいます」

たとえ話を豊かにするために

たとえ話を豊かにするために、心がけておくべきことが三つあります。

①　自分が「ハッとしたこと、印象に残ったこと、面白いと感じたこと」に出逢ったら、意識して自分のなかにある情報の引き出しに入れておく

面談の場で、「ここであの話が使えるのでは」と思ったら話してみる。すると、面談の相手が、その話題をふくらませてくれるかもしれません。

まずは、日頃から身近な友人や同僚との会話のなかで使ってみましょう。

そうすれば、相手の話と自分のなかにある情報とを結びつけて話をする感覚が身につき、会話も深まるでしょう。

②　相手が喋った言葉を自分の言葉に置き換えてみる

「今（先ほど）おっしゃったことは、こういうことですね。」と自分の言葉で返すことで、お互いにイメージを共有しやすくなります。相手に「自分の話をここまで理解してくれている」と思ってもらえれば、さらに新しい話題を引き出すこともできます。

③「今の○○を何かにたとえるとしたら、なんでしょうか？」と相手の頭のなかにすでに存在するイメージを聞いてみる

「なるほど」とすぐに納得できる答えが返ってくるかもしれませんし、「なぜ？」と思うような返答があるかもしれません。しかし、その返答が意外なものであっても、相手の思いや考えをより深く理解するきっかけになります。

第14講

「好きなこと」について話そう

「好きなこと」を通じて相手と「話ができる」ようになる

まだ知り合ったばかりの相手と面談する楽しみは、会話を通じて、お互いの人となりを知っていくことにあります。

面談に至ったきっかけは仕事としてであっても、縁があって出会ったのです。その人との関係を大切にし、深めていくことは、自分自身の人生の豊かさにもつながるはずです。

面談相手の人そのものを知るために、まずは仕事から少し離れたことを話してみましょう。そのための話題として、「好きなこと」について尋ねることが有効です。

飼っているペットの話題かもしれないし、身につけている靴や集めているフィギュア、昆虫採集の話題かもしれません。誰しも、自分が得意なものや好きなことについて話すこと、また聴いてもらえることは嬉しいものです。じっくり話を聴きましょう。

あなたの、相手を理解したいと思うその姿勢が、人間関係を深める第一歩となるのです。話のなかでは、相手が特に好きなこと、ハマっていることに気づき、その部分を深めて話をしてみましょう。

渉外担当者のKさんは、Sシューズ会社のデザインセンターを訪問することにしました。二回目の訪問です。

センター長のSさんに、新しい年の抱負などを交えて、お話をうかがうことにしました。

Kさん「前回お会いした折に、先日のO市民マラソン大会に参加されるとうかがいましたが、いかがでしたか」

Sさん「いやあ、よく覚えていてくださいましたね。当日は幸いお天気にも恵まれて、良い景色を眺めながら気持ちよく走ることができました」

Kさん「それは何よりでしたね。マラソン大会にはよく参加されるんですか？」

Sさん「そうなんです。昨年はフルマラソンを二回、ハーフを五回走っています。各地のマラソン大会にエントリーするのですが、それぞれその地域の特色があって面白いですよ。地元の方から、美味しい差入れをいただいたり、小さな子どもから熱烈な声援をもらったり、ただ走るだけではない楽しみもあるんです。

　最初はダイエットが目的で走り始めたのですが、すっかりハマってしまって、もうマラソン歴一〇年になります。朝と晩にほぼ毎日、三キロ以上を走っているんですよ」

Kさん　「それはすごいですね。仕事の前後に走るなんて本当にお好きでないとなかなか続けられないですよね」

Sさん　「実は意外と仕事面にもプラスがありましてね、走りながらその日のスケジュールが整理できたり、開発中のシューズのことで思いがけないアイデアがわくこともあったりするのです」

Kさん　「それはあるかもしれませんね。実は、私は最近、貸農園で野菜を育てているのですが、畑の手入れをしながら、ふと抱えている問題についての解決案が浮かぶことがあるのです」

Sさん　「おっしゃるとおりですね」

Kさん　「ところで、Sさんは、これから仕事のうえで取り組んでみたいことはなんですか？」

Sさん　「次は、子ども用のシューズを手がけたいですね。子どものまなざしでみるシューズをつくりたいのです。たとえば、初めて自転車に乗る子どもが履くシューズ、初めてスポーツに挑戦するときに、それを支えるシューズをデザインしてみたいですね。ありそうでなかったシューズをかたちにしたい、と思っています」

時には、自分の好きなことについて語ってみることもよいでしょう。

自分に好きなことがあればこそ、相手の好きなことも深く理解できるのです。

その時評判の情報を知っているだけでは、問いかけや話が一般的になりすぎてしまい、とっさの問いやツボを押さえた質問に入れません。

また、相手が感動したことや勧めてくれたものを、試してみるのも大事です。

それはただ仕事として義務的にやるのではなく、自分自身のためにもなるのです。

自分の世界では知りえない情報を活かさない手はありません。

それまで知らなかったことを知る、興味あるものに出逢うことで、思いがけない発見や気づきがあり、自分の世界が広がるはずです。

それをまた相手と共有できれば、さらに「話ができる」関係に入ることもできるでしょう。

第15講

身近な行事の話をしよう

身近な行事を話題にする楽しみ

面談のなかで、「身近な行事」の話から、相手の面白いエピソードが聴けたり、思わぬ一面がみられることがあります。その季節・その地域ならではの行事を話の切り口にしてみましょう。

身近な行事を話題にする楽しみは、三つあります。

① 自分の身近な経験から、具体的な話ができること
② 体験談を通して、相手のことをより深く知ることができること
③ 相手のビジネスにつながるきっかけが見つかること

たとえば、子どもの頃の行事や、地元の祭りについて尋ねてみると、その時代の光景や

活気のある人々の暮らしぶりなどが思い浮かんで、話がはずむことでしょう。また、相手の背景を知ることもできて、次の話題や質問につながるのです。

行事の話題の切り口として四つの例をあげておきます。

これらを面談相手と結びつけて意識しておくのです。

渉外担当者のTさんは、木造住宅の施工・販売をしているN社を訪問しました。N社にはこれまで

行事を話題に

① 季節の行事から

お正月のお飾り、鏡餅、お雑煮、お節料理、初詣、お年玉、書初め、七草粥、鏡開き、節分、針供養、桃の節句、ひな祭り、春のお彼岸など

② 家庭の行事から

地元の祭り、子どもの運動会、発表会、家族旅行など

③ 節目（記念日）から

家族の誕生日、入学式、卒業式、結婚記念日、家族の命日など
従業員の入社式、企業の創立記念日、周年記念日など

④ 企業発の行事から

節分に巻き寿司（恵方巻き）、バレンタインデーにチョコレートなど

数回訪問していますが、深いレベルの会話ができていないと感じています。
今回は、新年に向けた社長の抱負を聞いてみたいと考えています。

Tさん「N社長は、年末年始をどのようにお過ごしですか?」

N社長「最近は、年越し蕎麦を打って、家族に振る舞っています」

Tさん「エッ、社長が蕎麦を打たれるのですか、それはすごいですね。社長は料理にも関心がおありなのですね」

N社長「自分がつくったものを人が喜んで食べてくれるのは、嬉しいものですよ。お節料理のなかのブリの照焼きは、僕の担当です」

Tさん「いや、社長が料理をされるとは意外で驚きました。そういえばこの辺りのお正月料理は豪華なことで有名ですね」

N社長「そのとおりです。ここはもともと城下町であり、そういった地域性がお節料理にも影響しているのです。食の文化は、それぞれの地域や伝統行事と強く結びついていますからね。ちなみに、Tさんのお宅のお雑煮はどんな味付けですか?」

Tさん「私の家では、元日のお雑煮は私の故郷の白みそ仕立てで、二日目は家内の実家の澄まし汁仕立て、というふうにしています」

N社長「ほう。ご夫婦それぞれの故郷の味や文化を大切にされているのですね」

Tさん「地域に結びついているという点では、N社さんがお建てになる住宅も、その土地を大切にした住宅と聞いています。来年の仕事始めの訓示では、どのようなお話を考えていらっしゃいますか?」

N社長「そうですね、来年からは新築に加えて、リフォーム分野にも力を入れようと考えているところです。そこで、施主様との接客力を高めて、わが社なりのおもてなしを追求しようと、あらためて話をする予定です。具体的には、施主様への挨拶やきめ細かな説明に加えて、思いをかたちにする提案力の向上やサポート体制の充実など、自分たちが施主になったつもりでやっていこう、と話すつもりでいます」

Tさん「なるほど。新たな分野に力を入れると同時に、基本的な姿勢もあらためて大切にしていこうということですね。来年は創立三九年目を迎えられるとのことですが、四〇周年の節目を迎えるための大切な年でもあるのではないですか?」

N社長「そうなんです。創立四〇年を迎えるにあたって、いろいろ考えています。また、参考になる情報があれば、聞かせてください。」

その地方に伝わる行事には、それぞれがもつ意味があります。その由来を知り、自分たちも楽しみながら、ともに大切にしていくことは、地域を元気にする新たなビジネスのタネ発見にもつながるのです。

第16講 書面にまとめて意識を共有する

「面談」の段階で有効な資料

「面談」の段階ではどのような資料が有効なのでしょうか。

問題を明確にし、課題が明らかになるところまで至っていないので、面談の段階では「提案書」といった性格のものではありません。お客様が抱えている悩みや関心事を引き出したり、お客様が実現したいことを確認したり、共有することが目的となります（そのための資料を「お打合せ資料」とか「ディスカッションペーパー」といったりします）。

内容は凝ったものでなくてもかまいません。たとえば、「前回確認した問題意識」「あらためて気づいたこと」などを箇条書きで一枚にまとめるだけでも、面談の「密度」はぐっと濃くなります。

Aさん　「前回、社長からお話をお聞きして、社長の問題意識は大きく三つの点に整理されるように思いました。今日はこのなかで特に①番の点について、もう少し意見交換させていただきたいのですが……」

社長「たしかに、そうだね。前回いろいろ話をしたけど、話をしたのは、この三つかもしれないね。ただ、あれからも社内で議論をして、①は少し解決の道筋がみえてきたんですよ。むしろ、いま気になっているのは②と、あと、ここにはない四つ目の話があって……」

といった要領です。内容自体は、前の面

資料・ツールを活用する

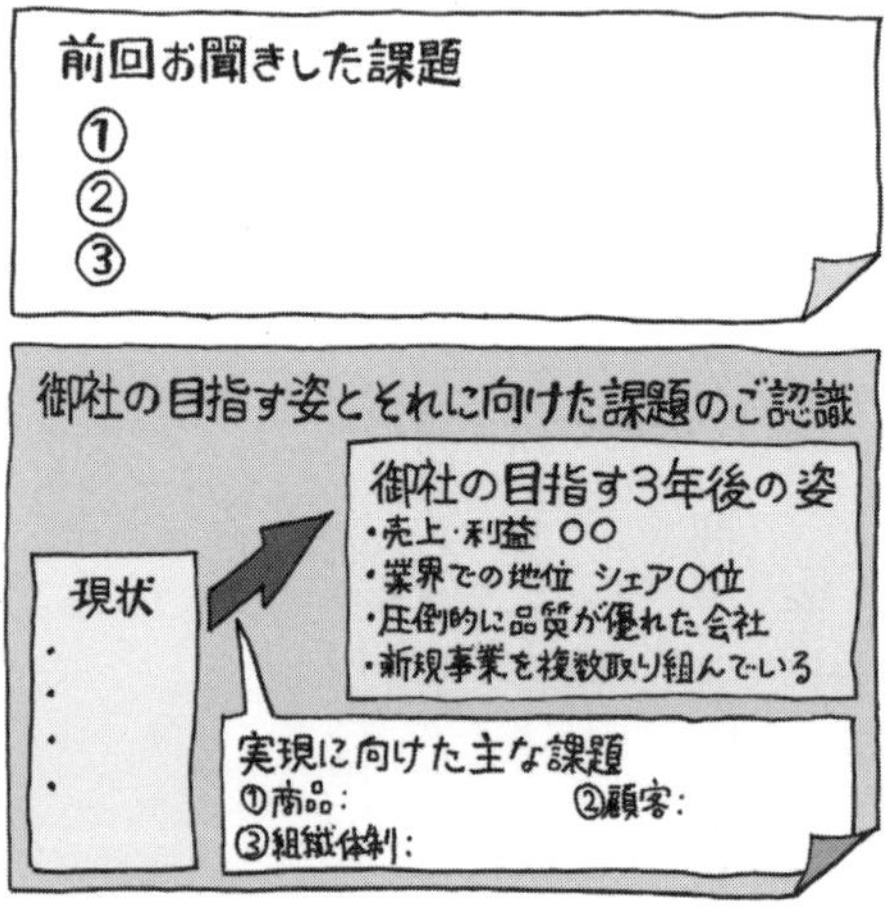

談で先方自身が話した内容だったとしても、書面で確認することで、話した本人の頭の整理にもなります。また、何より、こういった資料を挟んで面談を行うことで、面談相手に「お互いに打合せの内容を共有している」感覚をもってもらいやすいという効果があります。

少し面談が進んでくれば、「目指す姿」や「課題」といったものを書面で整理してもよいでしょう。または、「特徴・強み」「業界のトレンド」など、皆さん自身が「感じたこと、気づいたこと」を書面にするのも一つの手です。いずれにしても、一足飛びに皆さんの商品の提案に急ごうとはしないことです。それよりも、まずは「お客様自身が、問題意識ややりたいことを整理する、そのお手伝いをするのだ」という意識で資料をつくることが面談の段階では大切です。そのことが、結果として「新しい案件」すなわち、商談につながっていくのです。

一社ごと、場面ごとに中身は異なる

問題意識や課題認識をハッキリさせたり、今ある強みや長所を共有したりすることが、面談の段階における資料・書面の役割です。したがって、「他で使った資料の焼直し」や「使いまわし」はできません。それは、むしろ逆効果になることが多いので注意が必要です。

目の前のお客様の、いまの関心事にフィットしていることが何より重要なのです。見た目に凝った資料をつくろうとするよりも、むしろ「次の面談でどのような資料があればよいのか」「先日、現場で気づいたことはこの言葉でうまく伝わっているだろうか」といったことを念頭に、できるだけシンプルに中身を吟味してつくることが大切になるのです。

自分の伝えたいことを、相手の立場に立ってつくった資料は、その思いが相手にも伝わります。書面・資料を有効に使って、お客様との面談を前に進めましょう。

第17講

「面白い」という気持ちを大切にする

「面白い」という気持ちを大切に

お客様がどのような事業を行っているかを理解することは面談の大事な目的の一つです。

お客様の事業を理解するうえでいちばん大切なことは、「面白い！」という皆さんの素直な気持ちを大切にすることです。

心から面白いと思えると相手と自然体で向き合えます。そうなれば「この商品やサービスの良さはこれだ」「もっとこれをアピールしたらよいのに」など、自分が感じたことを素直に伝えることもできるでしょう。

面談相手からお話を聴いているなかで興味をもったこと、「すごい！」「面白い！」と感じたことには大きくうなずき、率直にお客様にも伝え、その部分を臨機応変に掘り下げて質問してみてください。それだけで相手はしゃべりやすくなります。そこからお客様との距離が縮まっていくことがあるのです。

「エッ！　べっぴんさんですか⁉」

渉外担当者のEさんが、新しく担当を引き継いだT製作所の社長と面談することになりました。引継ぎの資料で、全社の事業内容、主要な取扱商品、主要な販売先、業績などを確認し、また前任者から、業績面では業界の大手企業より利益率が高いこと、商品開発に熱心であるということを聞きました。

そこでEさんは、「商品開発の現状と開発にあたって心がけていること」を面談で聞こうと考えました。

Eさん　「T製作所さんの商品は使い勝手が良い、とK土木工業さんが話していらっしゃいました。現場での評判がとても良いそうですね。いまは、どのような商品開発に取り組まれているのでしょうか。また、商品開発をするうえで、特に心がけていらっしゃることはどのような点ですか？」

社長　「そうですね、今は環境や省エネルギーを意識した商品開発を行っています。心がけていることといえば、私が常々開発部隊にいっているのは、『べっぴんさんをつくれ』ということです。製品をいかに『べっぴんさん』に仕上げていくか、ということですね」

それを聴いたEさんは思わず、「エッ！　べっぴんさんですか⁉」と聞き返しました。これは面白そうです。事前に用意していた質問はいったん横に置いて、社長に話を続けてもらいました。

Eさん　「べっぴんさんをつくれとはどういう意味ですか？」

社長　「商品開発担当者は、商品の機能や性能を高めたいよね。だから、設計の段階で仕様がどんどん複雑になっていくんだよ。そうやってできあがってきた試作品をみるとゴテゴテしていて美しくない。本当に良い商品とは、お客様からみてシンプルで、使い勝手が良い商品ですよ。ムダをそぎ落として、すっきりと美しい商品にすることを私どもでは『べっぴんさん』といっているわけです。いつも聞かされる開発担当者は大変だろうがね」

この話を聴いたEさんは、お客様の使用シーンをとても大切に考えているT製作所の、商品開発に対する姿勢をあらためて感じ取ったのです。そして、次回はもっと商品のことを教えてもらおうと思いました。また、そのための準備として、T製作所の商品を取り扱っている取引先を訪問して、市場での存在感などを調べてみようと決めたのです。

事業活動には人の知恵や創意工夫がつまっている

世の中には、新聞や雑誌、テレビに取り上げられるような「際立ってユニークな商品」「独自のビジネスモデル」をつくりあげている会社もあります。そんな企業の「成長の秘訣」のようなお話は、誰が聞いても「面白い」と感じるでしょう。

ただ、そういった目立った会社に限らず、一見すると「普通」にみえる会社であっても、注意深くその事業活動の中身やさまざまな工夫を聴かせてもらうと、感動させられることが実に多いのです。

企業を動かしているのは、経営者をはじめとするその企業に勤める一人ひとりの人間です。商品やサービスができあがり、顧客のところまで届けられる過程には、発端となる思いや人々のさまざまな苦労があり、問題を解決するための知恵がつまっています。事業活動は、人の知恵や創意工夫、こだわりの結晶といえるのです。

皆さんが関心をもって観察したり、質問をしていくなかで、どんな企業にも「面白い！」と感じられる部分が必ず見つかります。その気持ちを大切に、お客様と向き合っていくことが重要なのです。

第18講

事業は「誰に」「何を」「どのように」で理解する

三つの質問「誰に」「何を」「どのように」

面談の初期段階で聞いておくべき重要なことは、お客様の事業活動についてです。

世の中にはよく似た商品やサービスを提供している企業が数多くあるようにみえます。

ですが、実際のところ、誰に、何を提供しているのか、どのような顧客が何にお金を支払い、どんな満足を得ているのかについては、個別によくみて、よく聞

事業を構成する三つの要件

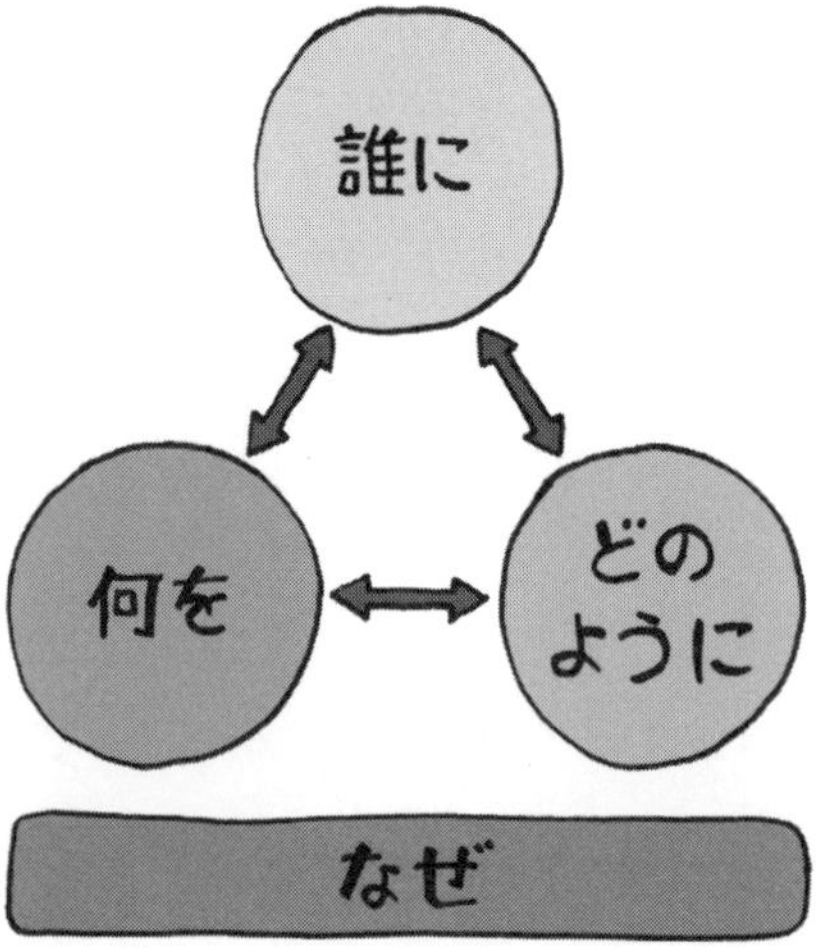

き、確認しなければわかりません。

お客様に次の三つの質問をしてみましょう。

①「誰に」ターゲットは誰か
②「何を」売っているのか
③「どのように」顧客の手元にまで届けているのか

この三つのポイントについて具体的に答えてもらうことで、お客様の事業がわかってきます。まずは身近な商品やサービスを扱っている事業先で質問してみましょう。「ターゲットは誰か」「どんな顧客のニーズに応える商品やサービスを」提供しているのか。「どのように」商品やサービスを調達し、お客様の手元にまで届けているのか。時間軸に沿って三つの要件を関係づけながらストーリーを考える癖をつけることで、そのコツがつかめてきます。

保育所はどこも同じ?

渉外担当者のCさんは、新規先としてF保育所を選定し訪問することにしました。事前に地域の年齢別人口、保育所・幼稚園の数と定員数などを調べて、K所長と面談しました。

Cさん「地域のお母さん方の評判がとても良い保育所だと聞いております。何か力を入れておられることはあるのですか?」

K所長「そうですね。当所ではお子さんを単に預かるだけではなく、さまざまな活動プログラムを用意しています。共働きの家庭では放課後に習い事へ連れて行くことができないケースも多いので、ここでお稽古ができるように、英語やピアノ、バレエなどの教室を開講しているのです」

Cさん「子どもを預ける親御さんのさまざまなニーズに応えていらっしゃるのですね」

K所長「そうですね。出産しても働き続けたいという想いがある一方で、子どもにさまざまなことを身につけさせたいという希望をもつ親御さんが増えているのです」

Cさん「なるほど。ただご両親が仕事をしている間に子どもを預かる場、というわけではないのですね。先ほど所内を見学させていただきましたが、子どもはもちろん、先生方も皆さん、元気で明るいですね。家庭的な雰囲気もあって、親御さんたちも安心して預けられるでしょうね」

K所長「ありがとうございます。保育所で英語やピアノをやっているというと、早期教育に力を入れていると思われることもあるのですが、私たちが大切にしているのは子どもたちが安心して笑顔で通ってくれる温かい保育所であることです。そのためには、スタッフも親御さんも笑顔になれる場をつくることが第一だと考えています」

Cさん「なぜ、この保育所が選ばれているのか少しわかったような気がします。ところでこの地域には待機中のお子さんもいらっしゃるのではないですか？」

K所長「そうです。今後は受け入れる人数も増やしていきたいと考えています。評判をお聞きになった方から、うちの近くにもそんな保育所があったら……という声をいただいていますが、実現にはいろいろと課題もあります」

Cさん　「ぜひご一緒に検討させてください。私どもにお手伝いできることがあると思いますので、これからの事業計画をぜひお聞かせください」

面談を通じて、「保育所」という「一般名称」にとどまらない、F保育所の個性・事業内容が垣間みえています。F保育所は「誰に」「何を」「どのように」展開しているといえるでしょうか。皆さんご自身で整理してみてください。

［ケーススタディ　1］

CASE STUDY

［ケーススタディ 1］

写真フィルム市場が消えても一・五倍の成長を果たした富士フイルム
～事業構造を変える～

○事業構造……「誰に」「何を」「どのように」の組合せ

お客様の事業は「誰に」「何を」「どのように」の枠組みでとらえるのが基本です。

ただ、企業は「誰に」「何を」「どのように」を複数もっていることもよくあります。部品加工の事業以外に、その加工過程で必要な機械も製造して売っているとか、アパレルショップ数軒に加えて、飲食店をやっているなど、いろいろなケースがあるでしょう。

「誰に」「何を」「どのように」をどのように組み合わせて企業が成り立っているか、それを「事業構造」といいます。この組合せ＝「事業構造」は、必ずしも固定的なものではありません。時代や経営環境に合わせて、この組合せを変えていくことが企業経営なのです。

○事業構造を大きく変えて成長した富士フイルム

たとえば、約一〇年で、大きく事業構造を変えた企業として、富士フイルムがあげられます。もともとは写真のフィルムを主の事業としており、ピークの二〇〇〇年度には、写真フィルムの全社の売上に占める構成比は約二〇％、関連製品を含めると全体の約五七％、利益の七割近くを稼ぎ出していました。これが一〇年後の二〇一一年度、フィルムの売上は、わずか一％未満となりました。もはや、写真といえばデジタルですから、この事業が縮小してしまったのは逆らえない時代の流れといえます。しかし、ここで興味深いのは、このように企業の柱となる主力事業が大幅に縮小して、ゼロに近くなったにもかかわらず、売上自体は一〇年前の約一・五倍に達する等、大きな成長を遂げていることです。

二〇一三年度の富士フイルムグループの事業の中身をみると、カラーフィルムのほかデジタルカメラ、レンズ、写真用品、光学デバイスなどのイメージングソリューションが三七三六億円（全体の一五・三％）、メディカルシステム機材、化粧品、医薬品、フラットパネルディスプレイ材料、DVD・ブルーレイなどの記録メディアなどのインフォメーションソリューションが九三三九億円（同三八・三％）、富士ゼロックスによるドキュメントソリューションが一兆一三二五億円（同四六・四％）となっています。注目すべきは単にデジタル化に対応して、フィルムからデジカメにシフトしただけでなく、医療やIT関連など、他の分野で事業の基盤をつくっている点です。スマホの成長で世界的にデジカメの需要も縮小していますが、そのなかでもこれらインフォメーションソリューションが企業を支えているのです。

　このように、大幅な事業構造の改革を行えたのは、同社が短期間にフィルム事業のリストラや新たな事業への投資、M&Aといった大規模な社内改革を実行したからだといわれています。この富士フイルムの事業構造の転換は、かつて写真の世界で富士フイルムを大きく上回る規模であったKodakが経営破たんしたのと対照的なケースとして知られていま

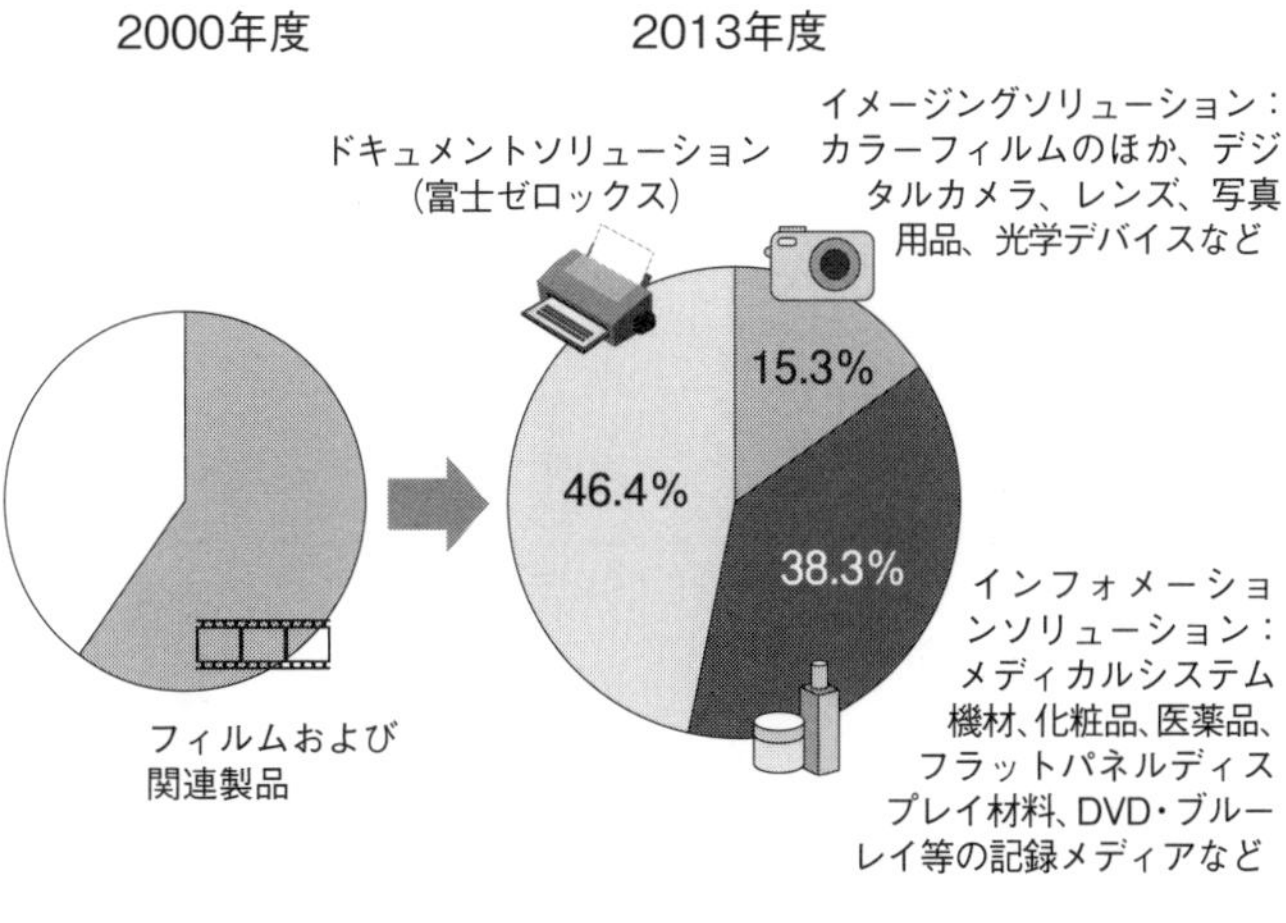

す。時代の流れに積極的に適応し、事業構造を変えつつ、成長を遂げた好例といえるでしょう。富士フイルムの例以外にも、当初ＳＮＳサイトによる広告収入が主力事業であったmixiが現在ではゲームでの売上を主にしているように、わずかな期間で事業構造をめまぐるしく変える企業が珍しくありません。

いまや、事業構造の変革の必要性はこれまで以上に高まっています。企業の寿命は三〇年といわれますが、「事業」すなわち、一つのビジネスの寿命はさらに短くなっているからです。企業が永続的に生き残っていくためには、時代に合わせて事業構造を変え続けなくてはならないのです。

事業構造を変えるのは簡単なことではありません。主力となる事業が収益・キャッシュを生み出している間に、新しい事業の種を植え、育て、伸ばしていかなくてはなりません。当然、事業をつくりだし、育てていくには投資＝お金が必要になります。新しいチャレンジですから、人材も社内のエース級が必要です。時に経営者自身がかなりのエネルギーを投入しなければならないこともあるでしょう。それだけの投資をしたからといって、新しく着手する事業のすべてが成功するとも限りませんし、そうこうしているうちに、本業の業績が厳しくなり、その対応に追われる、といったことも珍しくありません。

［ケーススタディ 1］

CASE STUDY

経営資源、すなわち「人・モノ・金」は限られています。数年先の将来を見据えて、自社のあるべき「事業構造」を思い描き、その実現に向けて、限られた経営資源を配分していく。この仕事は、営業部長や生産部長といった特定の機能の責任者や、事業部長のような特定の事業の責任者にもできない、経営者だけがなしうる意思決定であり、仕事なのです。経営者の仕事のかなりの部分が、「あるべき事業構造を思い描くこと」、「そのために経営資源の配分を行うこと」だといってもよいでしょう。そして、そこには不安や迷い、悩みがつきものなのです。

皆さんが面談を行う際には、そうした経営者の心理を推し量りながら、お客様の思い描く事業構造について、ともに議論し、その実現に向けて、知恵と行動でもって全力で支援してほしいと思います。

第19講

「なぜ」を共有する

創業の想い、「なぜ」を聞く

事業活動を「誰に」「何を」「どのように」という三つの要件で整理すると、お客様のビジネスを理解しやすくなります。しかし、企業や事業について理解するうえで、大事なポイントがもう一つあります。

それが「なぜ」です。

そもそも、何のためにその事業を始めたのか。ほかにどのような候補があったのか。その事業を展開するために、なぜその地を選んだのか。その事業を通じて、何を実現したいと思っているのか。経営者の抱いている志や目標、大切にしていることは……。など、そういった「創業の精神」や「使命感」「事業に込めた想い」について、ぜひ、機会をみて、経営者やキーマンに質問してみましょう。

「誰に」「何を」「どのように」をかたちにする源泉でもあるお客様が描いているビジョ

ンを知る。また仕事に向き合いながら考え続けていることを知るうえでも「なぜ」を質問することはきわめて重要です。

企業・事業にはさまざまな「想い」がある

・自分の両親の介護をするなかで、地域でより良い介護サービスを提供したいと思うようになり、デイサービスを開業した
・子どもたちに少しでも安全な食事を届けたいと幼稚園向けの給食事業を始めた
・とにかく未開の分野で新しいことがやりたいと思って、Ｗｅｂの世界に飛び込んだ
・今の市場には、自分自身がほしいと思える商品がなかったので、アパレル通販の会社を立ち上げた

などなど、経営者の方々はいろいろな思いをもって事業を始めておられます。

特に創業経営者であれば、何かの強い意志をもって自分で事業を立ち上げているわけですから、創業時の思いや経緯について多くの方が熱く語ってくれます。それ自体が面談においておおいに盛り上がる話題の一つになるでしょう。

「なぜ、今の会社を立ち上げられたのですか」といって、使命感や社会的意義というよりも、「そりゃ、どんな市場でもいいから一番になりたかったからだよ」と発言される経営者もいるでしょう。ただ、そのように語る経営者であっても、あえてその事業を選んでおられるわけですから、そこにはかなり明確なこだわりや、目標、楽しみを感じる部分が必ずあるはずです。それがその経営者なり、その企業の「芯」であり「根っこ」の部分だといえるでしょう。

歴史のある企業ほど「想い」は受け継がれている

創業経営者ではなく、二代目や三代目のケースはどうでしょうか。二代目、三代目の方も、事業を引き継ぐなかで、その想いをしっかり受け止めて事業をされているケースが多いものです。あるいは、ご自分の代で「第二の創業だ」と意気込んでおられる方には、その「第二の創業」にかける想いをぜひお聴きしたいところです。

また、面談先が「二代目、三代目」より、もっと歴史のある企業の場合もあるでしょう。歴史のある企業ほど、会社のルーツや「創業の精神」を大事にしていることが多いように思います。企業理念やビジョンのようなかたちで日頃から社員に浸透を図っている会社もあれば、「普段はあまり表に出てこなくても大事な決断や判断の際には必ず創業の精神を拠り所にしている」といったケースなど、かたちはさまざまですが、なんらかのかたちで、「思い」が受け継がれているものです。

渉外担当者のBさんが、A工作機械製造のA社長と面談しています。

Bさん「経理のYさんからうかがいましたが、今期の業績の進捗状況はよいようですね」

A社長「そうなんですよ。おかげさまで、長年お取引いただいているX社から、大口の受注が入りましてね。特に当社の加工技術を評価していただいて」

Bさん「それは何よりですね。ただ、受注の内容によっては、工場での生産計画も大変ではありませんか？」

A社長「ええ、おっしゃるとおりです。いまから下期にかけて、工場はフル稼働が続くと思います。特に年明け以降は納期が集中しますので、そこは工程改善を行い、協力会社さんの力も借りながら、みんなで知恵を絞り、なんとか乗り切りたいと思っています」

Bさん「A社さんの『全員参加で、全社一丸となって』の信条そのものですね」

A社長「そうです。日頃から、私たちはお客様の期待を超える製品をお届けする。そのために全社員が一丸となって実践し成果を発揮することを信条としています」

Bさん「理念や信条が現場に定着していくことってかなりむずかしいことのように思うのですが」

A社長「そうですね。モノづくりの現場で働く私たちにとって考え方を揃えることはとても大切なことです。何のために、何にこだわって活動を行うのか、を繰り返し繰り返し説いてまわることにつきるのでは……」

創業の精神は、社名やシンボルマークなどで表現されていることも多いので、はじめて訪問する面談先などでは、最初にその由来を聞いてみるのもいいかもしれません。

「なぜ」を知ることで、会社の理解は深まる

「なぜ」について質問することは、単に話題づくりのためだけではありません。訪問先

の企業の事業活動を支える大切なものを知ることで、表層にとどまらないその企業の「根っこ」の部分を理解することができます。

一見するとそれぞれの関連性が薄い複数の事業をやっているようでも、「なぜ」の部分を理解すると、そのつながりがみえることがあります。または第三者からすると合理的でないようにみえる施策や意思決定も、「なぜ」の部分を知ると、その企業独自の「こだわり」であり、「強み」としてみえてくることもあるでしょう。

「なぜ」という「根っこ」には、その企業への情報提供につながるヒントが含まれています。そうすれば、面談の中身がより深いものになりえるのです。

「なぜ」は、そこに働く人々の強い求心力にもなっています。

経営者は「根っこ」の理解者を求めている

経営者は「ビジョン」の実現に共鳴し、応援してくれる人を求めています。

ビジネスでは売上や利益の数字が重要ではありますが、それは「ビジョン」を実現するために必要なコストであり条件です。

経営者と同じ目線で考え、共通の目標に向かって一緒に歩んでいくためには、企業が目指すビジョンや理念を理解するとともに、その出発点となる「なぜ」をしっかり理解する必要があるのです。

［ケーススタディ ２］

CASE STUDY

［ケーススタディ２］
キッズベースキャンプが共働き世帯に支持される理由
～事業の定義～

○何を提供しているのか……マーケティング近視眼

事業活動を理解するためには、「誰に」「何を」「どのように」を確認することが大切です。この「何を」に関連するのが「事業の定義」です。

実は自社の事業をどのように定義するかによって企業の将来が分かれることがあります。

一例としてよくあげられるのがアメリカの鉄道会社です。国土の広いアメリカでは航空産業の成長や自動車の普及によって、鉄道産業が衰退し、それとともに鉄道会社も衰退していきました。この原因は、鉄道会社が自らを「移動手段を提供する会社だ」と考えずに（定義せずに）、「鉄道会社だ」と考えてしまったことにある、と指摘したのが、レビットというマーケティング学者でした（「マーケティング近視眼（マイオピア）」）。

（米国で）鉄道産業が衰退したのは、旅客と貨物の輸送の需要が減ったためではな

CASE STUDY

い。需要は増え続けている。今日、鉄道会社が危機に見舞われているのは、旅客と貨物の輸送が他の手段（自動車、トラック、航空機または電話）に顧客を奪われたためではなく、鉄道会社自身がそれらの需要を満たすことを放棄したからである。鉄道は自らを輸送事業と考えるのではなく、鉄道事業と考えてしまったために、自分の顧客を他へ追いやってしまった。なぜ事業の定義を誤ったかというと、輸送を目的と考えずに、鉄道を目的と考えてしまったからだ。すなわち、顧客中心ではなくて、製品中心であったのだ（セオドア・レビット『新版　マーケティングの革新』（ダイヤモンド社））。

つまり、もし鉄道会社が自らを「輸送業だ」と定義していたとしたら、たとえば、勃興しつつあった航空産業に投資していたかもしれない。そうなれば、鉄道会社にも別の未来があったのではないか、とレビットはいっているのです。

的確に事業を定義することによって、市場環境が変わるなかでも、成長し続けてきた企業もあります。たとえば、ＩＢＭは自社の事業を「コンピュータ事業」とせず、「顧客の経営変革を支援する事業」と定義しました。そのことによって、大型のコンピュータ（メインフレーム）中心の事業構造から、クラウドサービスやソフトウェア開発・保守といっ

［ケーススタディ 2］

CASE STUDY

たソフト部分が売上の多くを占めるようになっています。

○「業種」で理解することの限界

さて、こうした「事業の定義」は何も大企業に限った話ではなく、中堅・中小企業でも同様に重要です。あらためて、お客様の「事業の定義」について聴いたり、考えたりすることで、一般的な業種分類だけではみえてこない、お客様のさまざまな側面がみえてくるはずです。

まずは、何をつくっているのか、どんなサービスを提供しているのか、という表面的なことから一歩踏み込んで、あなたの顧客企業の経営者やキーマン自身が、自社の事業をどのように定義しているかを知ることが大切です。たとえば、外からみて「パン屋向けのオーブンをつくっている会社」も、経営者は自らを「パン屋の経営をトータルでサポートする企業」だと定義しているかもしれません。そうした定義を知ってこそ、お客様が提供している商品やサービス、各種の取組みが「つながりのある」「一貫したもの」として理解できるのです。

CASE STUDY

○共働き世帯の支持を集めるキッズベースキャンプ

東急電鉄グループで首都圏を中心に民間の学童保育を展開している「キッズベースキャンプ」という会社があります。

ここでは公共の学童保育よりも高額な費用がかかるかわりに、学校までの送迎、最長夜二二時までの預かり、食事の提供、学習習慣をつけるための宿題の見守り、各種のイベント等をサービスとして提供しています。

「小学校にあがる前には保育園があるけれども、小学校になると仕事が終わるまで、子どもを預かってもらえる

キッズベースキャンプ

ところがない。公的な学童保育は夜遅くまでは預かってくれなかったり、サービス内容が十分ではない」といった共働き世帯のニーズをとらえ、利用者を伸ばしています。

同社は自分たちの事業を、子どもたちに対しては「学校でも家庭でもない第三の場」であり、「昔の近所の空き地や公園のように、子どもが集い、楽しめる、毎日来たくなる場所でありたい」と定義しています。

一方で、実際にお金を払う保護者に対しては「お子様の安全で有意義な放課後の時間を保証し、ワーキングペアレントが安心して働ける環境を提供」

することが自社の価値だとしています。さらには、「子どもの放課後の時間を消費するのではなく、保護者にとって投資と思える価値のある時間に変えていきます」ともいっています。

そのような定義を理解すると、同社の行う一つひとつのサービスが、バラバラなものではなく、「第三の場所」や「ワーキングペアレントが安心して働ける環境」を実現するために、どれもが不可欠なものとして、その「意味」が理解できます。

○事業の定義をお客様とともに見つめなおす

一方で、企業によっては、経営者自身が、自社の事業を明確な言葉で「定義」していない、あるいは「製品」や「モノ」ベースでとらえている、という場合もあるでしょう。「事業の定義？　そりゃ、うちはネジ屋だよ」とか「うちはどこにでもある中堅のゼネコンだし」というようなケースです。

しかし、今の時代は、技術革新や市場環境の変化によって、その会社のビジネス基盤自体が揺らぐことがありえる時代です。そういう企業の経営者の方に対しては、問いかけを通して、お客様と一緒に、事業の定義を考えてみる、見つめなおす、ということが必要だと思います。

「御社の製品がユーザーから選ばれているのは……という理由なんですね。ということは、お客様が価値を感じてくださっているのは○○という部分といえそうですね」といったように話してみるのはいかがでしょうか。

面談が、経営者自身もみえていなかった強みや可能性に気づいてもらえる機会になるかもしれません。

（写真提供：株式会社キッズベースキャンプ）

第20講
お客様の「こだわり」を知る

「どのように」を聞くための三つのポイント

価値ある商品を「どのように」生み出すか、開発した商品やサービスを「どのように」顧客の手元に届けるか。そして利益を「どのように」あげるか。

「どのように」は、事業活動に携わる実務家たちが考え続ける現実的な問題です。「どのように」について具体的に聞いてみることで、お客様の仕事の全体の流れや課題を確認できたり、お客様にも新たな気づきが生まれたりすることがあるのです。

「どのように」を知るためのポイントは三つあります。

① 顧客ニーズを「どのようにかたち」にするか

どのような原材料を使い、どこを調達先とし、どこでどのように加工・生産を行い、パッケージし、最終的な商品にまで仕上げるのか。これらの商品をかたちにする過程は事業活動全体ならびに利益を決定づける重要な要素です。

②　顧客と「どのような場」で出会うのか
顧客が商品を試せる場、実際に購入できる場を、どこに、どのように設定するか。たとえば飲料一つにしても、スーパー、コンビニエンスストア、百貨店、自動販売機、道の駅、ネット通販など、さまざまな出会いの場があります。

③　商品の特性を「どのように伝える」のか
顧客にその商品・サービスの存在、価値をどのように伝え、購売に結びつけるか。よく似た商品やサービスがあふれているなかで、顧客は何を基準に選べばよいのか迷っています。「どのように」のなかでも、この「伝える」をつくり込むことはきわめて重要なポイントです。

「こだわり」を知ることでその会社の個性がみえる

一見、ターゲットとする顧客やつくっているものは同じようにみえても、一つとして同じ会社はありません。「どのように」を知ることで、その会社独自の「こだわり」や「個性」がみえてきます。

涉外担当者のDさんは、地元で話題のGチョコレート店を訪問することにしました。事前にホームページをみて、支店の職員から評判を聞き、G店長と面談しました。

Dさん「いろいろな種類がありますが、どれも見た目が可愛くておいしそうですね」

G店長「ありがとうございます。当店のショコラコレクションは季節によって商品を変えているので、お客様からは『ここはいつ来ても違うものが並んでいるのね』といっていただいています」

Dさん「こんなにたくさんの種類があるのに、毎シーズン違うんですか。それは何度も通いたくなりますね。商品をつくるうえで、どのようなことを大事にされているのですか?」

G店長「やはり、素材のもつ力を最大限に活かすことです」

Dさん「ホームページにも原材料のカカオのことが書いてありましたね」

G店長「あ、ホームページもご覧いただいたんですね。そうなんです。ショコラの基本はカカオですから、その産地にこだわって独自のルートをつくって調達しているんです」

Dさん　「産地にまでこだわりがあるのですね。その他の『素材へのこだわり』について教えてもらえますか？」

G店長　「カカオ以外にも、地元の食材を使っているのが自慢なのですが、選んだ素材が納期どおりに入ってくるかという点で、農家さんや仕入先との人間関係づくりが大切です」

Dさん　「素材にこだわりながら、季節ごとに商品を変えようとすると、商品の開発も大変ですね」

G店長　「大変な分、楽しみもありますよ。お客様をどう驚かせようかといつも考えています」

Dさん　「これからの展開は、どのようにお考えですか？」

G店長　「まずはこの店を軌道に乗せることです。そして、もっといろいろな素材やデザインに挑戦したいですね。夏向けの新商品開発にも力を入れて、将来はカフェを併設した二号店をもつ考えです」

今後の「どのように」を一緒に考えていくために

どんな事業であれ、事業に携わる人たちは、現在行っている事業活動をもっとよくしたいと考え続けています。そのためには、「誰に」「何を」とともに、「どのように」も時代の変化に合わせて、変化・進化させていく必要があります。お客様と一緒に、今後の「どのように」を考えていくためにも、まずはお客様がもっている強み、お客様が考えていることをしっかりと理解する必要があるのです。

［ケーススタディ 3］

CASE STUDY

［ケーススタディ 3］
女性専用フィットネス「カーブス」がつくった新市場
～マーケティングのSTP（セグメンテーション・ターゲティング・ポジショニング）～

「誰に」「何を」「どのように」でお客様の事業や商品を理解する際に、知っておきたいのが、S（セグメンテーション）、T（ターゲティング）、P（ポジショニング）という、マーケティングの考え方です。

セグメンテーションは日本語では「市場細分化」と呼びます。市場を特定の軸（切り口）で細かく分けるということです。その細かく切り分けたカタマリ（セグメントといいます）のなかで、どのカタマリを集中的にねらうのかを決めることがターゲティングです。さらに、そのターゲットとなるお客様が比較する商品のなかで、どういう違いを出すのか、どんな位置づけを目指すのかを決めるのがポジショニングです。

ここでは、女性専用フィットネス「カーブス」を事例として、STPを考えてみましょう。

カーブスは「女性だけの三〇分フィットネス」を特徴とするフィットネスサービスのフランチャイズチェーンです。二〇〇五年の事業開始以来、二〇一一年には店舗数が一〇〇〇店を超えるなど、急速な成長を遂げています。その最大の特徴は、利用者は全員女性、スタッフも全員女性であること。会員は予約不要でいつでも店に来ることができ、マシンを使って「サーキットトレーニング」と呼ばれる有酸素運動、筋力トレーニング、ストレッチを組み合わせた運動（一回三〇分）を行います。一般的な総合フィットネスクラブにあるようなプールもなければシャワーもありません。

さて、カーブスにおけるS（セグメンテーション）の切り口はなんでしょうか。まず、「男女」です。そのなかで、カーブスがねらっている（ターゲティング）のは、「女性」。ですが、実はもう一つ、カーブスが市場を細分化する切り口として採用したものがあります。それは「これまでフィットネスクラブに積極的に通ったことがあるかどうか」という経験や嗜好です。そして、カーブスは「これまであまりフィットネスクラブを利用したことがない層」をターゲットに選びました。つまり、カーブスは既存のフィットネスクラブと直接の競合をすることを避け、これまで「お金を出して運動をしてこなかった」層の需要を掘り起こすことで、フィットネス市場そのものを拡大させる道を選んだのです。

では次にポジショニングについて考えてみましょう。「これまでフィットネスクラブに本格的に通ったことがない女性」に対して、運動サービスを提供する場として、そこには当然、ライバルの存在があります。既存のフィットネスクラブはもちろん、自治体等が行っている体操教室や、個人が運営するダンススタジオやヨガスタジオといったものもライバルになりえるかもしれません。そのなかから「選んでもらう」には、「これだからカーブスを選んだ」という「他との違い」をハッキリさせなくてはなりません。「差別化」というと、「他より良いこと、優れていること」だと誤解されがちですが、そうではありません。いくら自社が「他よりうちのほうが良いですよ」といったところで、他社も「いや、うちのほうが良いですよ」というに決まっています。結果として、「他より良い」ということは、得てしてお客様には伝わらないのです。むしろ、大事なのは「違う」ことです。この違いは図のような二軸の「ポジショニングマップ」を用いて表現することもできます。

カーブスは、フィットネスクラブのようにマシン、プール、スタジオといった、いろいろなプログラムはなく、「三〇分という手軽な運動」を提供しています。一方、利用形態でみれば、体操教室やスタジオのように「時間割」が決まっておらず、フィットネスクラブのように、「いつでも利用できる」ものです。既存のフィットネスとも、体操教室等とも違う、ほかにない位置づけにあるといえます。

CASE STUDY

このポジショニングマップのミソは、軸の左右や上下は、あくまで「嗜好・好き嫌い」の問題であって、「良し悪し」ではない、ということです。実際、手軽な運動を好む方もいれば、本格的に運動したい人もいます。どちらが良い・悪いではありません。横軸もそうで、運動に関していうと、「いつでも利用できる」ことを全員が望むわけではなく、「いつでも利用できると思うと、かえって行かなくなるから、時間が決まっていて習慣になるほうがいい」という利用者もいます。このように「嗜好・好き嫌い」の軸でプロットすることで「他との違い」を明確に定義できるのです。

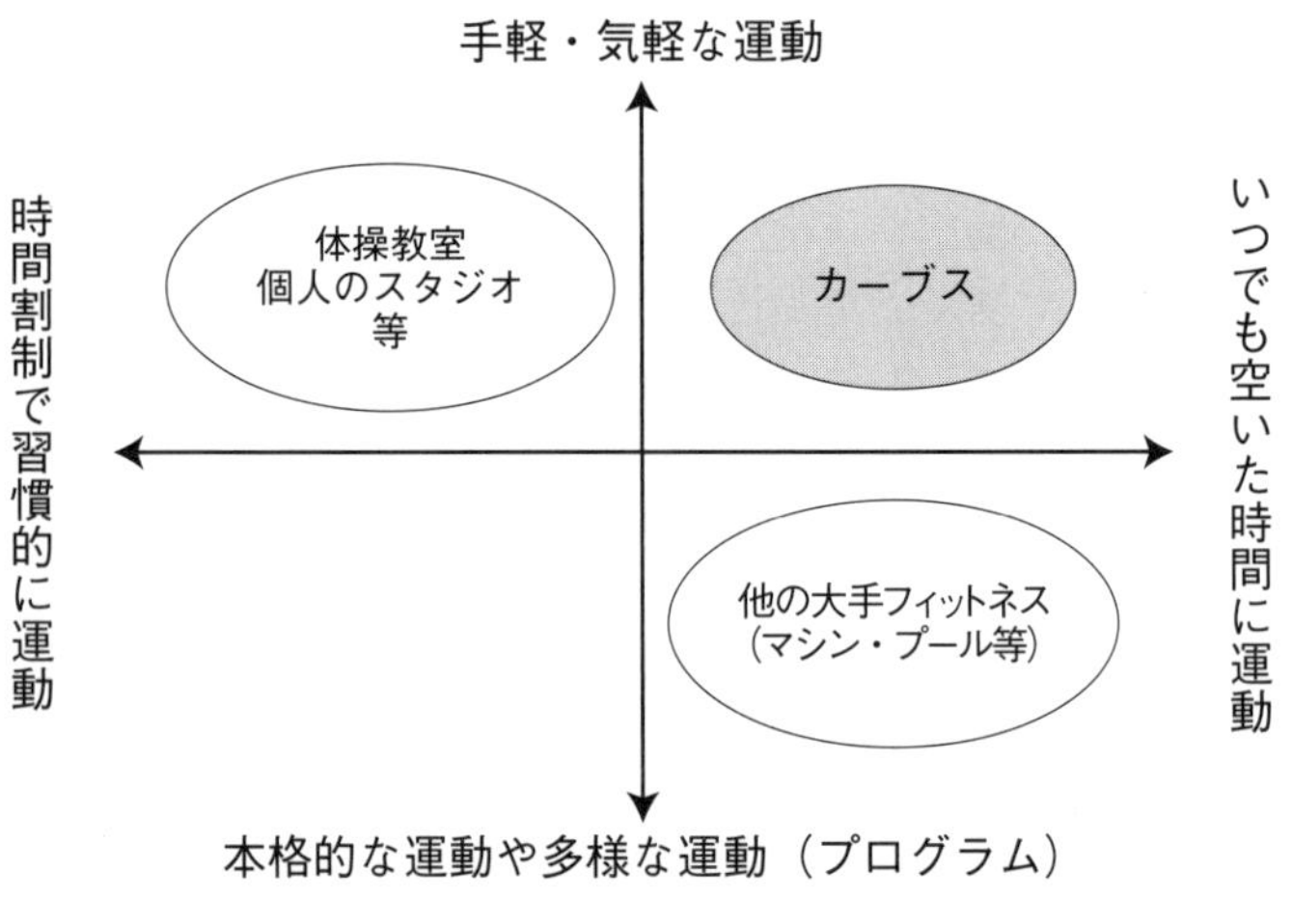

必ずしも、「二軸」で表現できることばかりではありませんが、ポジショニングとは「他とは違う位置取りをすることだ」という点は覚えておいていただきたいと思います。

この、ＳＴＰをどう設定するかで、具体的な商品や価格、流通チャネル、プロモーション等が決まってきます。いわば、企業の戦略＝作戦の根幹といえるものなのです。機会があれば、お客様との面談を通じて、お客様がＳＴＰをどのように設定しているのか、何故、そのような設定になっているかという点を掘り下げて質問してみてください。

ここで強調しておきたいのは、セグメントの区切り方、ターゲットの絞り方は、さまざまな可能性があるということです。実際に商品・サービスを提供し、事業を展開していくには、たくさんある可能性のなかから、「これだ」というものを選び取らなくてはなりません。後からみると、「ああ、そういう戦略か」とみえるものでも、それを決める過程ではいろいろな議論、葛藤、迷いがあるものです。面談を通じて、そのＳＴＰの決断の背景にある思いをお聴きすることで、お客様の事業に関する共感・理解がより深まっていくでしょう。

第21講

お客様につながるビジネスの「流れ」を理解する

販売先・仕入先だけでお客様のビジネスがわかるか

皆さんの会社には、顧客企業（得意先）に関してどのような「顧客カルテ」「取引先台帳」がありますか。それらには、「主な販売先」「主な仕入先」が書かれていることも多いと思います。

ただ、顧客企業が直接的に取引している販売先や仕入先を把握するだけでは、実際にどんなビジネスを行っているかという特徴や強みをつかむことはできません。

顧客企業の先のお客様を知る

製造業の場合では、その会社がつくったものが最終的に、どこで、どんな用途で用いられているか、全体の流れをしっかり把握することは重要です。たとえば、ある機械部品をつくっている企業の取引先は機械商社ですが、その取引先を通して、半導体製造装置メーカーに届けられ、装置（製造設備）の一部となっているかもしれません。また、接着剤をつくっている企業の製品が、主力の包装資材分野だけでなく、炊飯器のような家電製品の部品の一部に使用されている、といったケースもあるでしょう。大切なのは、最終的な納入先の企業がどこなのか、その企業のなかでどのように用いられているのか、といったところまでとらえることです。できるだけ商品の実態の流れを具体的に教えてもらうようにしましょう。

これは産業材の素材や部品だけに限った話でありません。加工食品の場合は、問屋を通して、さまざまな小売店や外食店などへ販売されていることもよくあります。問屋の先の納入先は大手全国チェーンなのか、それとも地元主体の飲食店が多いのか、具体的な固有名詞でつかんでおく必要があります。

アパレルや雑貨、日用品などもさまざまな流通を介した商売が多いので、お客様の商品がどのような流通経路を通じて、どのような形態の小売店の、どのような顧客のニーズに応えているかは把握しておきたいところです。リアルな店舗以外にも、「あるネットショップの、このカテゴリー・コーナー」を売り場としている、ということもありえるかもしれません。

このように、お客様の扱っている商品が、どのような商流を通して、どのようなニーズをもつエンドユーザーにまで届けられているか、そのなかでお客様である企業が、どのような位置づけで、どのような役割を果たしているのかをつかむことができれば、お客様の置かれているさまざまな外的要因や、経営者の悩みや関心事についてずいぶんイメージしやすくなります。「顧客企業の取引先の先の顧客」を知ることで、経営者やキーマンとの面談もスムーズになるでしょう。

川上の仕入先を知る

これは顧客企業からみて、エンドユーザーに近い側、すなわち川下だけの話ではありません。直接的な仕入先を含む上流（川上）側も同じです。たとえば食品であれば、どこからどのような素材を仕入れているのか、その素材はさかのぼっていくと、原産地はどこにたどり着くのか。家具製造業であれば、どの原産地からどのような木材や資材をどのようなかたちで調達して、どこでどのような加工工程を経て最終の家具になるのか、といった流れを知るのです。

川上を知っておく必要があるのは、品質や原価に直接的に影響するからです。

また、さまざまな業界で原材料の調達自体の競争が激しくなっていることも、川上側に注目すべき理由です。たとえば、水産資源などでは、新興国を中心として世界的に需要が拡大しているため、調達サイドでの競争がとても激しくなっています。原料調達がネックになって、需要があるとわかっていてもその分のモノがつくれないといった事態もありえる時代なのです。

ビジネスの流れを理解する

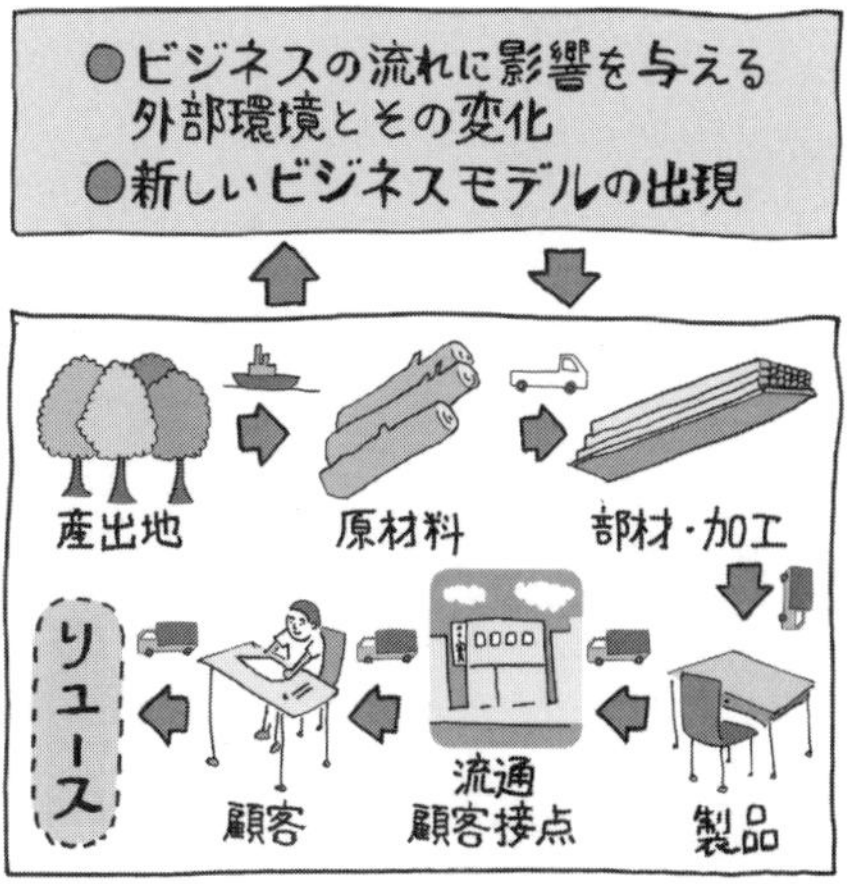

ビジネスの「流れ」を動画でイメージする

こうして川上から川下まで、全体の線でつないでみると、顧客企業のビジネスの全体像（サプライチェーン）がよくわかるようになります。

このときに意識していただきたいのは、そのサプライチェーンを「静止画」ではなく、商売の「流れ」として「動画」でとらえることです。特に重要なのは、どこで、どのようなタイミングで需要が生まれ、それがどのように顧客企業への仕事につながっているのかという流れです。

たとえば、製造設備にかかわるものであれば、需要が発生するのは新たに工場が立ち上がり、製造ラインが増えるときだけなのか、もしくは一定期間で既存設備の取替えや更新が必要なものかによっても、顧客企業のビジネスへ影響を与える要因はずいぶん異なります。後者の場合はある程度、一定の売上が期待できますが、前者の場合だと顧客企業のビジネスは、エンドユーザー企業の設備投資計画に大きく影響を受けることになります。

あるいは、家電、自動車、農機具、航空機、船舶といった製品の部品・パーツの場合は、どのようなタイミングでモデルチェンジが行われるかといったことや、どの程度頻繁に製品の改廃が行われるかといったことを理解しておく必要があります。

衣・食・住にかかわる消費財の場合も、どんな要因が顧客企業の商品・サービスの消費に影響を与えているのかはつかんでおきたいところです。たとえば、「気温の変化」は、アイスクリーム、蚊取り線香、制汗剤、レジャーなど幅広い商品の消費に影響します。

実際には、人口動態をはじめとして為替要因や技術の革新など、複雑な要因がからみますので、体系的に整理することが求められるようになりました。「風が吹けば桶屋が儲かる」式に、間接的な要因もあるでしょう。しかし、少なくとも、お客様＝顧客企業がどのような要因を気にしているかはつかんでおきたいところです。これについては直接、「御社の商品はどのような場面で使用されているのでしょうか」「今年は猛暑ですが、御社の商品の売行きに影響はありますか」といったように、相手に聞いてみるのがよいでしょう。

第22講

業界の歴史をひも解く

過去を振り返ることの大切さ

お客様との距離を縮め、関係を築くためには、お客様の事業活動にかかわる業種や業界について勉強することが大切です。

その際にぜひ、習慣にしておきたいのが、「業界の歴史をひも解いてみる」ということです。

面談においては、「目の前の出来事にどう対処するか」「今起きている現象は今後どうなるか」「これにどう対応すべきか」といったことが主な話題になります。そのため、業界についても、「関連する業界に影響を与える国内外の動き」や将来動向を調べなければ、という方向に意識の向くことが多いかもしれません。それはもちろん必要なのですが、「現在の状況」や「将来」を考えることと同じくらい、「過去を振り返ってみる」ということはとても重要なのです。

歴史をひも解き、過去も理解して現在につなぐことによって、お客様との面談の場で次のような効果があります。

まず、その業界の歴史を知ることで、面談相手との共通の話題ができます。業界の歴史をひも解くことで、業界ならではの特性がみえてきますし、それぞれの時代が織り成す社会や経済の変動のなかで、顧客企業がどのように乗り切ってこられたのか、などを知ることができるでしょう。

そのなかであなたが関心をもったことや、疑問に思ったことをお伝えすれば、それが会話のきっかけになり、そこから話が展開するようになります。特に、相手にとって活動の根幹をなしている商品の歴史については、具体的に語ってくれるでしょう。

たとえば、Aさんは、味噌メーカーの経営者との面談にあたって、事前に日本における味噌の歴史を調べて訪問しました。

Aさん　「ちょっと自分なりに勉強してみたのですが、お味噌の歴史って平安時代にさかのぼるのですね。実に長い歴史ですよね。鎌倉時代にすり鉢が使われるようになって、みそ汁ができたとか。みそ汁の登場で〝一汁一菜〟という和食の基本ができたんですね」

社長　「そうなんですよ。和食が世界遺産に登録されたこともあって、〝一汁一菜〟とか〝一汁三菜〟が見直されてきていますが、一方で「ワンディッシュ化」がどんどん進んでいます。当社としても、これまで培ってきた味噌文化の伝統を残すためには、子どもの頃からの「食育」が大事だと考えてるんですよね」

このように「当社のことに関心をもって、勉強してくれているな」と感じていただけると、そこから、訪問先がもつ事業観やこれからやろうとしていることをうかがうきっかけができます。

過去からの流れを知る

歴史をひも解くことのもう一つのメリットは、お客様が置かれている事業環境とその変化について、より深く理解できるようになることです。「現在」や「将来」は、過去からの「流れ」（潮流）の延長線上にあります。「現在」の業界の状況を正しく理解したり、将来の動向を見据えるためには、過去からの流れ（潮流）を理解しておく必要があるのです。

たとえば、私たちの身のまわりにあるコンビニエンスストアで考えてみましょう。

本格的に日本にコンビニが登場したのは、一九七三年（ファミリーマートの実験店一号店がオープン）です。そこから、近くて便利なコンビニには日々新しい商品やサービスが導入され、いまや私たちの生活に欠かせないものとなっています。一九七〇年代後半のセブンイレブンでのおにぎりの発売に始まり、一九八一年には宅配便の取次、八〇年代後半の公共料金の収納代行、九〇年代のコンサートチケットなどの取扱いや銀行ＡＴＭの導入など、次々とサービスの幅を広げ、進化してきました。最近では、淹れたてコーヒーやドーナツも扱うほか、ネット通販の受取拠点として機能したり、食事や日用品の宅配サービスも手がけるようになっています。さらには、介護の相談を受け付ける新しい業態も登場しています。

これらの一つひとつの新商品や新サービスを、点としてみるのでなく、社会背景などを重ねてつなげてみてみると、いくつかの「大きな流れ」を読み取ることができます。

一つには、おにぎりの提供に代表されるように「従来家庭でやっていたことの代替」を進めている、ということです。最近の惣菜の充実化は従来のおにぎりや弁当の延長線上にあり、働く女性や単身世帯、シニア層の増加を背景にしたものといえるでしょう。

第二に、コンビニの進化は、スーパーや銀行、公共機関、街の喫茶店など、他の機関・店が果たしていた役割や機能を取り込み「生活インフラ化」してきた歴史とみることもできます。二〇〇八年にコンビニの売上高は百貨店の売上高を超え、流通業としての存在感は高まっていますので、この流れはさらに加速していくでしょう。これからコンビニは巨大な販売力と集客力をもって、「生活を支える」機能をさらに強固なものとしていくでしょう。

第三に、女性やファミリー層といった新しい顧客層の獲得を進めている流れが読み取れます。以前はコンビニといえば二〇～三〇代の独身男性が主力顧客でしたが、顧客層を広げるべく、商品・サービスの開発や業態の開発を進めています。

日本酒、醤油、和菓子、旅館、百貨店といった非常に歴史の長い業界もあれば、コンビニ以上に歴史の浅い、新しい業界もあります。たとえばオンラインショップや介護サービスといった業界です。しかし、これらの業界に関しても、わずか一〇年の間でもめまぐるしく状況は変わっています。技術は日進月歩で進歩し、ネット上での情報量が莫大に増え、市場のニーズも多様化しています。世の中の変化のスピードは早くなっていますので、一〇年もあれば十分に「歴史」と呼べるほど、長さを実感することができます。

その業界の歴史を顧みる。長さにかかわらず、過去から現在までどのような歴史をもつのか、その歴史のなかで起こったポイントとなる出来事が、その後どのような影響をもたらしたのか。それは、現状を理解し、将来を考えるためにとても有益です。

お客様の業界に着目し、現在だけでなくその歴史をひも解き、つなげながら、お客様が実際にこれからどういう事業を行っていこうと考えているのかを話し合っていくことで、その姿がよりハッキリしてくるのです。

第23講

歴史のなかの転機に目を向ける

歴史のなかに「転機」あり

長く歴史を刻んできた企業には、そのなかに必ず転機があります。転機が訪れるのは、外部環境の変化によることもありますが、多くは自らが変化に適応することによって、結果的にそのことが転機につながっています。面談で「これから」の展開につながる質問を見つけるためには、相手の「転機」をよく理解しておくことが大切です。

時間をかけて歴史を理解しよう

まずは相手の「歴史」の話を聞いてみましょう。

たとえば相手が創業者であれば、創業に至ったきっかけや、事業としてメドが立つまでの懸命な取組み、また事業の転機となったのはいつで、どのような要因なのかという話をうかがいましょう。人によっては、子ども時代の思い出や仕事を始めた頃に夢中になったこと、それらがその後の自分にどのような影響をもたらしているかなどを、話してくれるでしょう。

相手の「転機」に興味をもつことで、その企業の事業活動の原点に気づき、話し手の思いやこだわりなど、あなたの気づかなかった部分がみえてきます。それをふまえたうえで、「これから」の質問に入りましょう。

転機を理解しよう

渉外担当者のFさんは、新規先であるNガラス店を訪問しました。

事前にホームページで会社の概要や取扱商品・販売先などは確認しています。

今日は、これまでの事業活動や取扱商品について聞き、転機となったことや、これから力を入れていく分野を尋ねてみようと考え、S経理部長との面談に臨むことになりました。

Fさん「会社の業歴をホームページなどで拝見しました。地元で古くから商売をなさっていますが、創業の頃から今日まで、力を入れてこられたことはなんでしょうか？」

S部長「そうですね、うちはもともとガラスの卸売業からスタートし、昭和四〇年代からアルミサッシやエクステリアを取り扱うようになりました。今ではさまざまな住宅資材商品を扱っていますが、やはりガラスにはこだわりがありますね」

Fさん「なるほど。ガラスの種類にも変化があるのですか？」

S部長「種類も増えていますよ。たとえば建築用ガラスは、用途や機能によってさまざまなんです。風圧や衝撃に対する強度で厚さが異なりますし、透明のガラスだけでなく、時代時代で流行の模様がありますね。建物の雰囲気や用途でこだわった柄を選ばれるお客様もいますね」

Fさん「それでは在庫も多くなりますね。種類は増え続けているのですか？」

S部長「ええ、取扱商品の種類は創業時代から比べると格段に増えました。今ではエコガラスといって、省エネ・断熱効果のあるガラス、防犯・防災、防音、結露防止用、それに紫外線カットなど、時代のニーズに合わせて増えていますね」

Fさん「それは営業の方も大変ですね。近年、新築着工数よりリフォーム需要のほうが増加しているようですが、扱い商品や販売先に変化はありますか？」

S部長「主力の取引先は、数多くのガラス店さんや工務店さんです。しかし、会社として今、いちばん力を入れているのはリフォームの分野なんです。このため一般の施主さんと直に接する機会が増えています。営業の活動も体制も大きく変わりました」

Fさん「一般の施主さんに、どのような方法で営業活動やＰＲをなさっているのですか？」

S部長「チラシの配布やホームページの充実を、それに営業は地元の病院や施設、事業所を回っています」

Fさん「それは大変な活動ですね。次回の訪問時には、私ももう少しリフォーム市場のことを勉強してきます」

S部長「ぜひ、何か良いヒントをお願いします」

創業以来、ガラスにこだわってきたＮガラス店が、これからリフォーム分野で一般の施主に営業活動を強化していこうと考えていることを知り、次回訪問時には、それにつながる話題を提供しようとFさんは考えました。
時間軸で、相手の今に至るこれまで、どのような歴史をもっているのか、その時々の転機を理解することで、次回の訪問につながる切り口が見つかるのです。

成長の歴史を観る

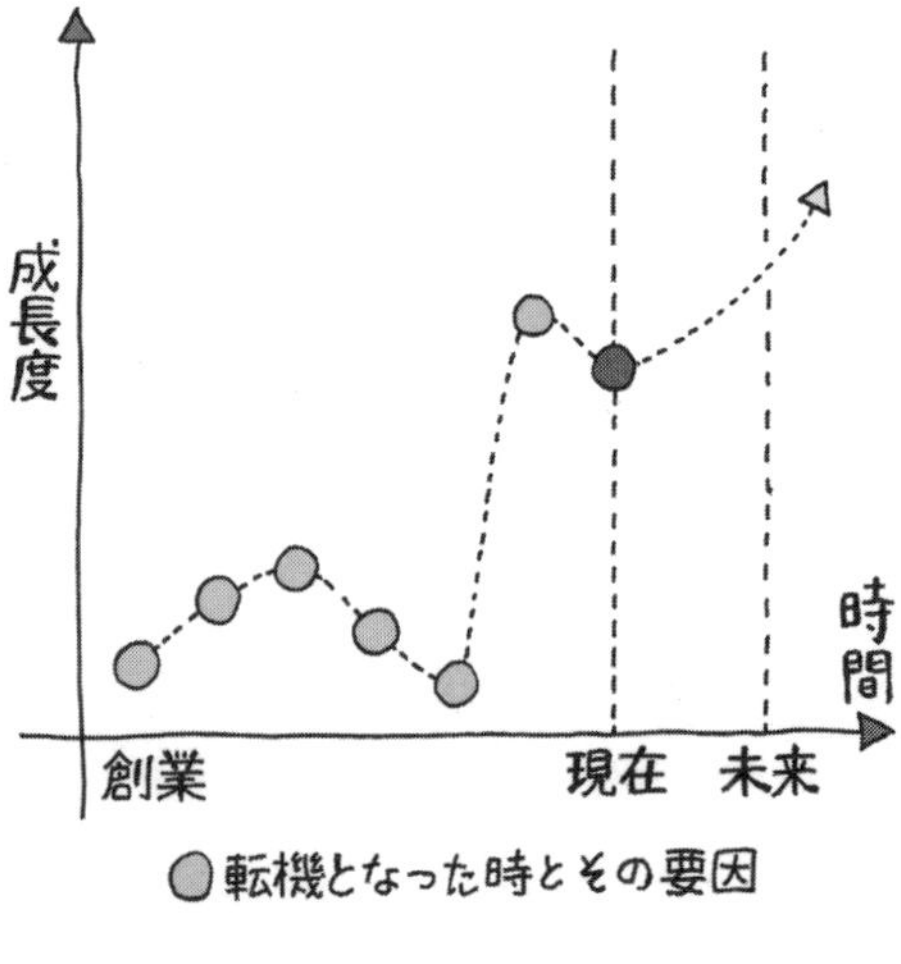

［ケーススタディ 4］

ダイハツはなぜお店を「カフェ」にしたかったのか
～マーケティングミックス～

○マーケティングの四つのP

・製品（戦略）―Product
・流通・販路―Place
・広告・宣伝・コミュニケーション―Promotion
・価格―Price

○「4P」は面談に使えるか

先にあげたのは「マーケティングの四つのP」と呼ばれるものです。お客様のビジネスについて考えるうえで大切なのは、この「四つのP」が「整合性をもって一貫しており、STP（前述）と明確につながっているか」ということです。「でも、作戦を立てるときは、普通セットで考えるから、整合性があるのは当然じゃないのかな」と思われるかもしれません。しかし、長い間商売・ビジネスを続けていくなかで、この一貫性を保ち続けるのは意外とむずかしいのです。このことは、経営者やキーマンと面談を行う際に、頭に入れておくと役に立つはずです。

「一貫性を保つことのむずかしさ」や「四つのPが整合することでビジネス上の成果を生み出す」例として、ダイハツの「カフェプロジェクト」を取り上げてみたいと思います。

CASE STUDY

○女性スタッフによる、女性のための店づくり「ダイハツのカフェプロジェクト」

いまでは軽自動車を提供する事業者メーカーの多くが、女性向けの店づくりを行うようになっていますが、その先駆けとなるのが、ダイハツが二〇〇五年九月から販売会社で取り組み始めた「カフェプロジェクト」でした。

これは、ディーラーの各店舗を、女性にとって魅力的なものにすることを主眼とするプロジェクトでした。それまでのディーラーといえば「男性」目線でつくられていることが多く、女性にとっては「車の買替えの際に、仕方なく行くもの」であって、気軽に立ち寄れる店ではない、というのが当時のダイハツの問題意識だったそうです。そこで全国の販売会社に呼びかけ、「女性にとってカフェのように居心地の良い空間に」ということをテーマに、女性スタッフが中心となって、全国の販売会社でさまざまな取組みを進めました。結果として、店舗の飾りつけやドリンクサービス、接客等が女性の目線で見直されることとなり、短期間でお客様満足度が向上するとともに、販売面にも良い影響を与えたといわれています。

○カフェプロジェクトは女性ターゲットにフォーカスしたマーケティングミックスの改革

カフェプロジェクトの背景には、軽自動車の顧客に占める女性の割合が増加したことがありました。女性の社会

カフェプロジェクト

進出や地方都市におけるモータリゼーションの進展により、女性の免許保有者は年々増え続け、一九九〇年から二〇一〇年までに女性の運転免許保有者は約一・七倍になっています（男性は約一・三倍。警察庁の統計より）。なかでも、軽自動車は、小型で運転がしやすいことから女性のユーザーに受け入れられ、顧客に占める女性の割合が大きくなっていったのです。

　当然、こうした流れはダイハツ等の各メーカーも理解しており、女性に向けた車種の開発も進められましたし（Product）、ある時期からは、軽自動車のCMといえば、女性やファミリー層

を意識したものが中心となっていました（Promotion）。価格についても、普通自動車のセダンのようにプレステージ性を表すものではなく、いまも昔も軽自動車は手頃な価格（Price）で、主婦層が日常的に使うのに適したものです。

これに対して、流通・販路（Place）だけは、依然として自動車が徐々に一般に普及していった時代、すなわち男性目線の、男性を意識した店舗であった、という点が問題でした。これはおそらく、自動車という商品の製造を自動車メーカーが行い、販売はディーラーが行う、製販分離という分業体制の影響もあったのでしょう。別会社で

あるディーラーは、メーカーからはコントロール仕切れない部分が大きかったのだと考えられます。４Pを男性中心から、「女性中心」に切り替えるのにあたり最後に残されたのが、販路（Place）だったのです。カフェプロジェクトは、その最後のPを女性向けに一貫・整合させるための大きな改革だったのです。

このように、一度組み立てた四つのPも、しばしば、時代や競合、顧客の変化に伴い、新しく組みなおす必要が出てきます。しかし、一度組み上げた製品・流通・広告・価格を変えるのは簡単ではありません。しかも、そのマーケティングミックスが過去に成功していれば、一時の成功体験が関係者の記憶に深く刻まれるため、それを捨て去るのは容易ではないのです。ダイハツの場合もまさにそうでした。だからこそ、「プロジェクト」と銘打って、全国的に一気に取り組む必要性があったのです。

（写真提供：ダイハツ工業株式会社）

第24講

「単価×数量」でお客様のビジネスを理解する

「売上」の一行に凝縮されているもの

皆さんは、お客様の年商や利益の額だけでなく、扱い商品やサービスごとの売上構成までご存知でしょうか。決算書でいうと、「売上高」の一行で終わってしまうのですが、そうした数字から「それがどのような構成になっているのか」を考え、知っておくことで、お客様のビジネスに対する理解度はずいぶん違ってきます。

売上の構成を考えるポイントは「売上＝単価×数量」というきわめてシンプルな方程式でみることです。どんな業種や業界でも、また、どんなに複雑そうにみえる企業でも、売上のすべてを扱い商品やサービスごとの「単価×数量」まで落とし込めれば、そのビジネスの実態がみえてきます。

これを知ることで、単なる数字の世界が、とたんに事業活動の現実の世界に変わりま

売上＝(商品ごとの)単価×数量

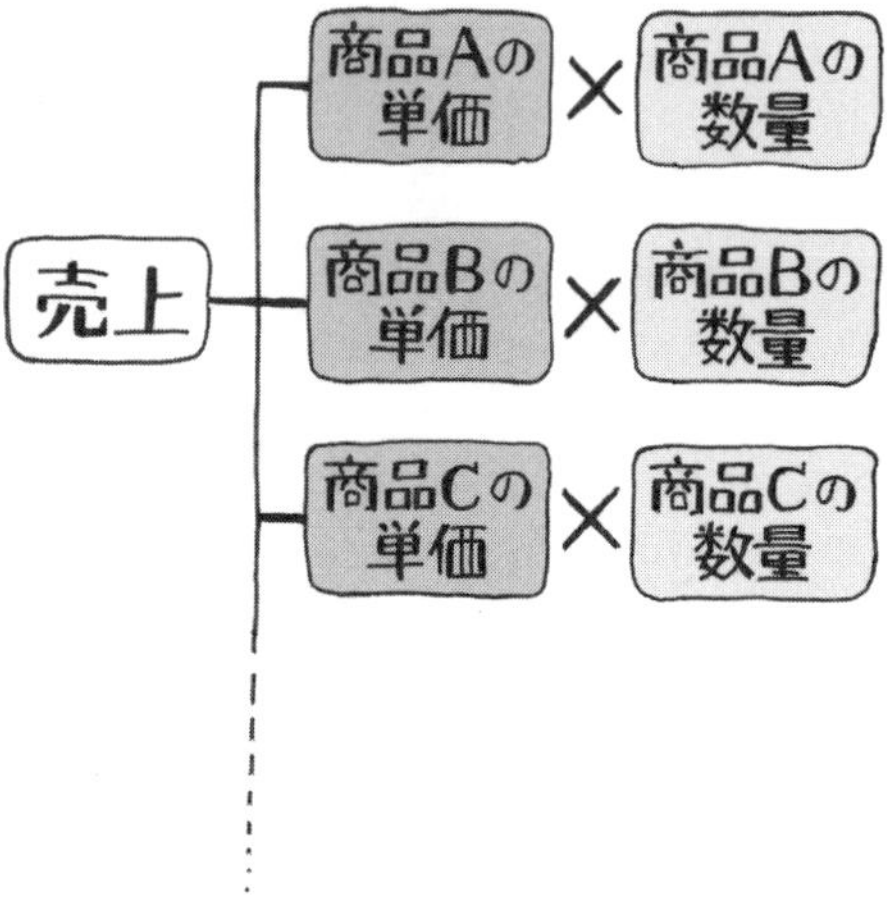

す。たとえば「年商三億のバネの製造会社」と聞くのと、「バネの種類は四〇種類、平均単価で一個三円のバネを年間一億個、一日にして平均四〇万個つくっている会社」と聞くのとではどちらが事業のイメージがわくでしょうか。

いきなり「単価×数量」まで細かく分けられないなら、扱い商品やサービスの内容をできるだけ分けてみましょう。

たとえば、「売上四億円のリフォーム会社」の事業内容を、「窓回り、水回り、バリアフリー改修や耐震改修など、家全体の安全快適アップの工事、一件当りの単価は一〇〇万円～一〇〇〇万円、平均すると単価一〇〇万円で、年間四〇〇件の現場を引き受けている会社」ととらえるのです。

普段からお客様との会話のなかで、扱い商品やサービス構成をよく聞いておく、そしてそれぞれの「単価」×「数量」のレベルまでつかんでおくと、ビジネスの実態についても、より深く理解できるようになります。

参加国数×3枚ということですか

渉外担当者のCさんは、繊維メーカーT社のO部長を訪ねて面談しています。東京オリンピックの話題になりました。

Cさん「東京オリンピックの開催は、国内の産業や企業にも幅広い多様なビジネス機会をもたらしていますね。T社さんでも、何かかかわりがあるのですか？」

O部長「実はね、T社は一九六四年の東京オリンピック開催から深いかかわりがあってね」

Cさん「えっ、そうだったのですか。どのような内容かぜひ聞かせてください」

O部長「当時、開催に向けて、主催者である関係機関もさまざまな新しい取組みを試みていてね。たとえば、参加国の旗を日本素材限定でつくること。それに関連したさまざまな条件のもと、T社を含め数社でコンペが行われたんだよ」

Cさん「コンペの条件はどのような内容だったのですか？」

O部長「万国旗の素材、糸、織物、それぞれの設計段階では、たとえば使用する繊維の太さ、撚り数、縦糸横糸の本数、織物の密度などだね。そして求められる機能は、色あせしないこと。雨にぬれてもわずかな風ですぐに乾いて、よくはためくこと。強い風でも破れないこと。紫外線で劣化しないこと。遠くからの視認性に優れている（日光が反射しにくい）こと、などでね」

Cさん「それは大変な技術ですね」

O部長「T社には合成繊維の製造技術に加えて、毛と綿の紡績、織物の技術を併せ持っています。このことが他社と比較して大きな強みとなり、性能が認められ、コンペを勝ち抜くことができたのです」

Cさん「その技術や実績が今につながっているのですね」

O部長「T社のこの製品は、今ではオリンピックや博覧会などの公式行事や国旗のほとんどに使われるようになっていてね。隠れたロングセラー商品なんですよ」

Cさん「数量はどのくらい用意するのですか？」

O部長「オリンピックの各種目ごとに、参加国すべての国旗を最低でも三枚は用意します。金、銀、銅の同時入賞もありえますので」

Cさん「種目ごとに、参加国数×3枚ということですか！ それは相当の数量になりますね。それだけの実績があれば万国旗以外の受注もあるのでしょうね」

O部長「そうですね、鉄道会社のホームなどで使用されている、赤と緑の信号旗や船舶に掲揚する国旗や各種の信号旗などがあります。そのほかにも二〇〇七年に東大寺で大法要が行われましたが、その幔幕《まんまく》にも採用していただきました」

Cさん「本当にすばらしい、五〇年以上のロングセラー製品ですね」

東大寺の幔幕

（写真提供：有限会社山端商店）

経営者の思考回路は「単価×数量」

経営者やキーマンの思考回路では、常に売上や利益が「単価×数量」で組み立てられています。扱い商品やサービスごとの成長や成果を高めるためには、どこに力を入れていけばよいのか、いつも考えているのです。

経営者と同じ目線で物事を考えるためにも、普段から、「単価×数量」でとらえる癖をつけておくことは非常に重要です。

ある飲食店の経営者と、話題の店だという別の企業の飲食店で食事をしていたときのことです。「なかなか繁盛している店ですね」というと、その方は瞬時に「そうですね、この場所だと、席数が五〇で、平均一・五回転、メニューをみると客単価は四〇〇〇円といったところでしょうから、ざっと月商四八〇万円ってところでしょうね。この界隈だとよいほうじゃないですか」とはじき出されました。打合せ後の食事の席でしたが、常に経営者の頭のなかでは売上の方程式が組み立てられているのだな、と実感したものです。

天気と売上

また、小売業の場合は、扱い商品やサービスごとの「単価×数量」とともに、一日ごとや週ごと、月ごとの積み上げである「日販」「週販」「月販」といった数字も重要です。

これも「売上」を因数分解したものであり、経営者やキーマンが必ず意識している数字です。

お盆休みに雨が降り続いた数日後、複数の雑貨店を経営する社長がこんなことをおっしゃっていました。

「いやー、本当に天候の変化には悩まされます。お盆のこの時期ですから、普段であれば、うちのお店全店で、一日で平均○○万円くらいの売上があるわけです。しかし、雨が降れば来客数が減少し、売れる商品構成も変わるので、ざっと一店当り○万円くらい売上が下がり、一日で○○万円くらいの損失になります。天気がよかろうと雨が降ろうと、店の家賃や人件費は変わりませんから、いかに天候の変化に備えるか、事前に考えておくことは本当に大切です」と。

売上や利益といった合計の数字ばかりに目がいきがちですが、それを構成する商品やサービスごとの数量や単価、日販といった数字を知っておきましょう。

相手のビジネスの実態を深くとらえることができれば、経営者やキーマンと話せる内容の深さも変ってくるはずです。

第25講 相手の想いを受け止めよう

人との会話は、キャッチボールの関係にたとえられます。上手に受けてくれる人とキャッチボールをすると、投げるのが楽しくなりますし、上達もします。会話もこれと同じで、相手が聴く力のある人だと、話し手は気分よく話すことができます。まずは相手とのキャッチボールを楽しみましょう。

会話をするなかで、お客様から、「どうしたらよいと思う?」「あなたはどう考える?」といった問いかけをもらうことがあります。このときに、「正解」を答えようと気負う必要はありません。そもそも、企業の経営において「ただ一つの正解」といったものはありません。ある会社にとって有効な戦略・施策も、別の企業にとってはかえって競争力を失わせたり、問題を発生させることも珍しくありません。そして、そんななかで日々「決断」や「意思決定」を繰り返しているのが経営者なのです。

こういう場合、経営者やキーマンが外部の人間に求めているのは、大きく三つです。

一つ目は、物事を整理すること。経営者自身が抱える問題意識や取り組もうとしている課題を、シンプルにすることです。このやりとりだけでも相手にとっては大きな満足を生み出します。

二つ目は「自分なりの判断や選択が間違っていないだろうか」ということの裏付けです。「自分としてはこれが正しい選択だと思っているが、本当にこれでよかっただろうか」と迷っているときに、「背中を押してほしい」という心理です。

三つ目は「なるほど、そういう考えもあるのか」という、自分と違った考え方や着眼点に気づかせてくれることです。したがって、「正解をいわなければ」と思わないで、あなたの考えをしっかりと伝えることで気づくことが多いのです。

また、経営者やキーマンは常に「自分たちの企業は他の企業と比べてどうなのか」「自分たちの企業は第三者からみてどうなのか」ということを気にかけています。これこそ、社内の人間からは出てこない、外部の人間だからこその意見が求められる点です。ですから、「うちはどうですか?」と問われたら、率直に感じたことを話してみましょう。特に、消費者向けの商品やサービスを提供している企業の経営者やキーマンであれば、消費者の感覚をもった貴重な意見として、耳を傾けてくれます。また、消費者向け以外の商品やサービスでも同様に、外部のビジネスパーソンからみてどうか、を経営者は聴きたいものなのです。

地方銀行の渉外担当者のNさんは、地元で古くから続いている造り酒屋のK酒造を訪問しました。

Nさん「お正月のお屠蘇は、K酒造さんのお酒でおいしくいただきました。この時期は一年のなかでも特に売行きがよいのでしょうね」

K社長「そうですね。日本酒の売上がよいのは、やはり冬場ですね」

Nさん「K酒造さんではどんなことを大事にしてお酒をつくっておられるのですか?」

K社長「良い素材を選ぶことが基本ですね。お米はもちろんですが、仕込水も特別な水を使っています。それと酵母ですね。お酒は酵母という微生物の命によって醸されています。当社も使用する酵母とじっくり腰をすえて付き合っているんですよ。それから、当然、技と心をもった杜氏さんの存在も欠かせません」

Nさん「各地で造られている日本酒は、それぞれの蔵ごとに酒の個性があるのですね。あらためてお酒の物語を、飲み手にもっと伝えたいですね」

K社長「当社の酒造りは、九月頃から始まります。そして年が明けて、一月から樽仕込

み も 始めます。お客様には、酒蔵見学の機会や地元産の食材を紹介する合同イベントで詳しくご案内しているのですが、ほかにも日本酒に親しんでもらうシーンを提案したいですね」

Nさん 「そういえば、先日、友人の結婚披露宴に出席したのですが、新郎新婦がこも樽に入った日本酒の鏡開きをしまして、珍しくて盛り上がり、とてもよかったです。やはり、日本酒は記念の日やハレの日に合いますね」

K社長 「昔からおめでたいときや儀式などには、お酒を振る舞う習慣がありますが、人が集まるときや楽しいとき、歓びの席にもっと日本酒を飲んでいいただけたらいいですね。近年、国内では日本酒の消費が低迷していますから、私たちももっと売る努力が必要だと感じています」

Nさん 「販売はどのようになさっているのですか?」

K社長 「基本的には、酒販卸業者さんや酒販店さんを通じて販売しています。そこから量販店さんやコンビニ、飲食店、地元の方々の元にお届けしています。最近では道の駅やインターネット、通信販売でもPRしています。商品には自信がありますし、いろいろな販路にも出しているのですが、なかなか、飲むシーン・機会を増やす、というところまでには至りません。何かいいアイデアはないでしょうか？」

Nさん「御社は商品造りにたゆまぬ努力を続けられて、伝統ある日本酒造りを守っていらっしゃる。たしかに、このお酒をお客様にもっと楽しく手にとってもらえるようにしたいですよね。そのためにはまずは「人の話題にのぼる」ことが大事ではないでしょうか。今はユニークな商品はインターネットや口コミでどんどん広がっていく時代です。パッケージを工夫するというのも一つの策だと思います。たとえば、日本酒が竹筒型の紙パックに入っているなど、『喜びの席』にふさわしい、ユニークなものにしてみるとか……」

K社長「たしかにパッケージにこだわるのは。よいアイデアですね。そこに何か物語性をもたせられたら、もっとよいと思います。さっそくみんなと考えてみます」

このように、一般の生活者の視点で、気づいたことや思いついたアイデアなど、感じたことを素直に話してみましょう。NさんとK社長の会話でいえば、K社長は、Nさんが考えた「パッケージに着目する」という着眼点から「気づき」を得て、「社内でもっと検討してみる」となりました。このように、会話をキャッチボールするなかで、そこから一段深いレベルの結びつきが生まれて、次の新しい動きにつながれば本当にいい会話だと思います。

［ケーススタディ 5］

CASE STUDY

［ケーススタディ 5］

コーヒーだけじゃない、ネスレの多方向成長戦略
～成長マトリックス～

○成長マトリックス

企業の経営者やキーマンが、外部の人間と対話するときに期待することの一つとして、「自分あるいは自社だけでは考えられなかった、新たな視点や発想を提供してもらうこと」があります。経営者やキーマンは、自分たちがやっていることがベストだと信じつつも、「もっとほかに良い道や、やり方があるのではないか」と思いながら、企業を経営しているものだからです。

「新しい視点や発想を提供する」というと、むずかしく聞こえるかもしれませんが、それほどむずかしい話ではありません。いくつかの戦略の「フレームワーク」といわれるものがヒントになります。

その一つが「アンゾフの成長マトリックス」です。これは、「製品軸」と「市場軸」の二つの軸を取り、それぞれを「新規」と「既存」とに分けた四つの象限で企業の成長戦略を考える、という戦略のフレームワークです。

CASE STUDY

○多方向で成長するネスレ

ネスレのコーヒーの例で考えてみましょう。同社は二〇一三年九月に、既存製品である「インスタントコーヒー」の主力製品群をリニューアルし、「レギュラーソリュブルコーヒー」と改称する改良を行いました。これは「家庭用コーヒー」という既存市場で、他社のインスタントコーヒーやレギュラーコーヒーに対するシェアを拡大することをねらいとしています。名称こそ変えたものの、従来のインスタントコーヒーと同様、スプーンですくってコップに入れ、お湯を注げばコーヒーができあがるものなので、「既存製品」の範疇といえます。すなわち、既存市場×既存製品の「市場浸透」戦略です。また、同社は家庭向けに、カフェオレ等のメニューが気軽に楽しめる「ネスカフェ ドルチェ グスト」というマシンを提供していますが、そのラインナップとして、紅茶も提供しています。「ネスカフェ」といえばもっぱらコーヒーだったわけですから、同社にとって紅茶を提供するのは「新製品開発」戦略といえます。一方、同社は二〇一二年一一月より、ドルチェ グストやゴールドブレンド バリスタといったマシンを貸し出し、「アンバサダー」と呼ばれる協力者を通じて、オフィスにコーヒーを提供する「ネスカフェ アンバサダー」というプログラムを行っています。これは、家庭用に加えて、オフィスという新たな市場にネス

[ケーススタディ 5]

CASE STUDY

カフェブランドの製品を提供しようとするものであり、「新市場開拓」戦略といってよいでしょう。さらにネスレは、二〇一一年ごろから「ネスレ ヘルスサイエンス カンパニー」を立ち上げ、医療機関や介護施設などに、栄養補助食品を提供する事業も開始しています。これは市場としても、製品としても、同社にとっては新しい分野ですから、「新規製品」×「新規市場」の「多角化」の象限での成長戦略に当たるでしょう。

このように、企業は、売上・利益の維持・拡大を目指し、さまざまな取組みを行っています。経営者やキーマン

製品＼市場	既存	新規
新規	新製品開発戦略 紅茶の展開	多角化 医療機関・介護施設向け 栄養補助食品
既存	市場浸透戦略 レギュラーソリュブル コーヒーへの改良	新市場開拓戦略 オフィスへの展開 ＝ネスカフェ アンバサダー

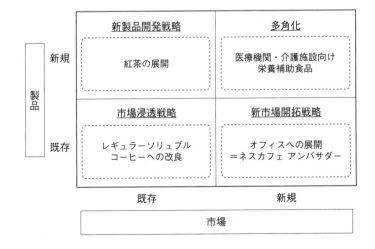

との面談のなかで、「売上のアップ」「企業の成長戦略」として、お客様がすでに取り組んでいることが、マトリックスのどの象限に当てはまるかを考えてみましょう。仮に、現在取り組んでいる戦略や施策がどこか一つに偏っているなら、他の象限の成長戦略が考えられないか、質問してみてもよいかもしれません。たとえば、居酒屋向けに加工食品を提供しているA社が、売上の維持・拡大のために、プロジェクトを立ち上げて新製品開発に取り組んでいたとします。（新製品開発戦略）。しかし、視点を変えると、いま提供している既存製品を他のマーケット、たとえば病院や介護施設といったところに提供する、すなわち、「新市場開拓」戦略も考えられるかもしれません。

常に頭のなかでこの四象限を思い浮かべ、お客様の成長の可能性を考える、という癖をつけておくと、面談の際に提供できる話題づくりにとても役立ちます。

第26講

「問題の三タイプ」を意識する

経営者・キーマンの「悩み」「お困りごと」

経営者やキーマンと一定の関係ができ、面談ができるようになると、「悩み」や「困っていること」を打ち明けられたり、相談されることが増えてくるでしょう。これはこれでしっかりと受け止め、担当者個人として、さらには組織全体として対応していく必要があります。

しかし、経営者やキーマンから発せられる「悩み」に対して、受け身で対応しているだけでよいのでしょうか。優れた聴き手は、お客様自身も気づいていなかった問題を気づかせることができるのです。ここでは「問題」というものについて、少し考えてみたいと思います。

問題＝目標マイナス現状

まず、そもそも「問題」とは何かを整理しておきましょう。

「問題」とは、「本当はこうなっていたいけど、実際はそうなっていない現在の状態とのギャップ（差）」ということができます。つまり、「問題」とは「目標」と「現状」のギャップ（差）だと言い換えてもよいでしょう。ということは、「現状」が同じであっても、どこに「目標」を置くかによって「問題」のありかや中身は大きく変わってくるということなのです。

問題を理解しやすくするために、大きく次の三つのタイプに分けてとらえるとよいでしょう。

問題の三タイプ

① すでに発生している問題

たとえば、「得意先からの注文が変更になり、今期の予算達成が厳しくなっている」とか「原料の仕入れ価格が高騰しており、原価が上がっている」等は「すでに発生している問題」です。お客様自身も気がついており、現状についてなんらかの不満をもっていて、対策を講じようとしている状態です。この場合の「目標」は、比較的短期（目の前）のものであり、現状の延長線上に置かれている場合がほとんどです。ただ、対応の緊急性が高いため、普段は経営者の頭のなかのかなりの部分をこのタイプの問題が占めていることが多いかもしれません。特に社内に潤沢な人員を抱えていない中堅中小企業の経営者は、「目先の数字達成や日々発生する問題への対処」に忙殺されていることも珍しくありません。

② 意図的に高い目標を掲げることで生まれる問題

これは、目標を意識的に高く掲げることで生まれる問題です。たとえば、年率数%レベルの小幅な成長にとどまる事業を「三年以内に従来の倍に伸ばしたい」といった目標を掲げたとするとどうなるでしょうか。従来のやり方の延長線上では達成はむずかしいでしょう。新しい取引先や需要を開拓しなくてはならないかもしれませんし、これまでの設備を換えることも必要になるかもしれません。これは高い目標を掲げるがゆえに発生する問題です。

③　新たな目標を設定することで生まれる問題

三つ目はこれまでとは異なる新しい目標を設定することで生まれる問題です。新しいビジネスモデルや新規事業に挑戦するとか、海外市場へ打って出る、これまでと異なるターゲット層向けの商品やサービスを開発するなど、企業としての目標や「ありたい姿」を新たに設定することによって生じる問題です。

目標－現状＝(問題)

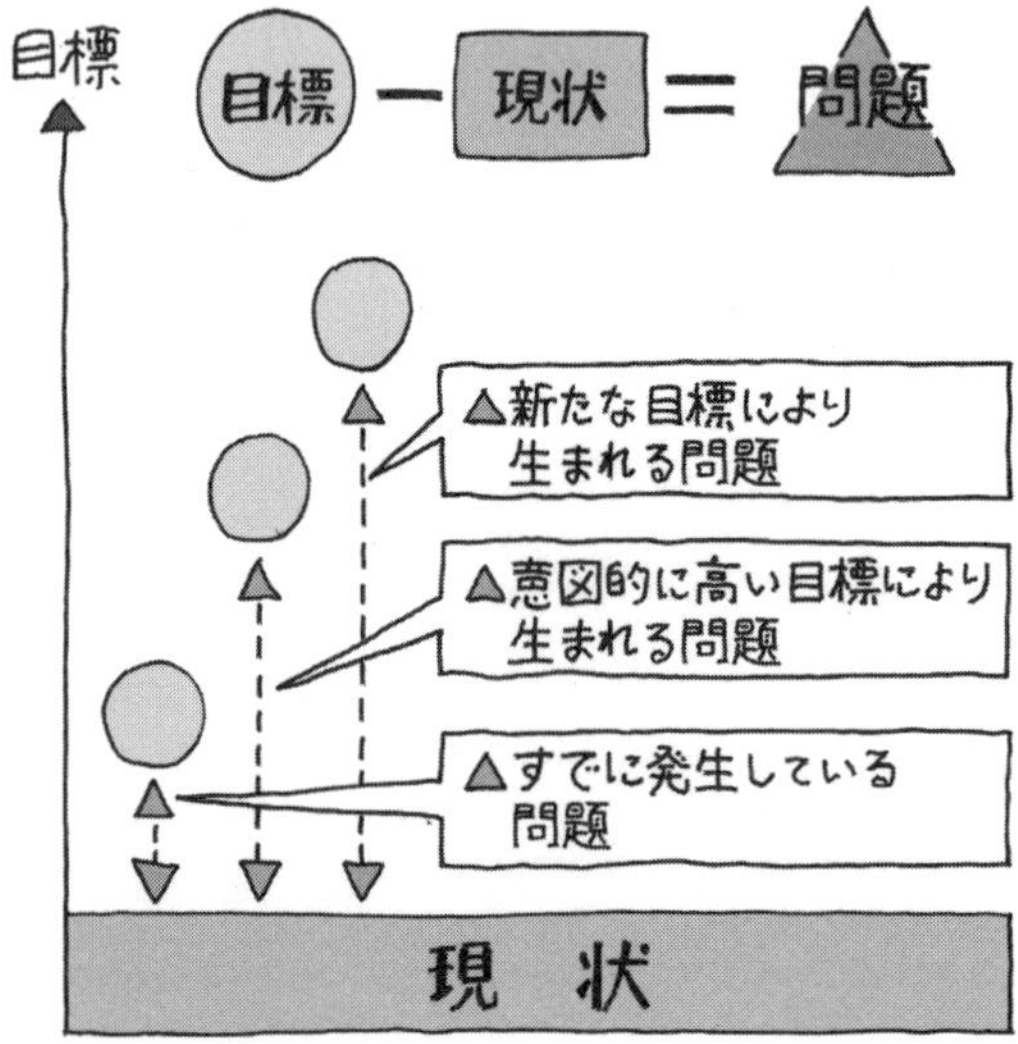

「どうありたいか、を問いかける」

三つの異なるタイプの問題は、面談先の企業にとって、どれも重要であり、対応の優先順位はその時々によって異なります。得意先の動向などで、目先の経営環境が厳しい場合は、①のすでに発生している問題に対応するのが精一杯で、②や③の少し先の問題を考えることはむずかしいかもしれません。しかし、面談相手の経営者やキーマンにとって、①の「すでに発生している問題」だけに日々追われてなかなか②や③の問題を考える余裕がない、というのは、企業の将来を考えたときに健全な状態とはいえません。

たとえば、子ども向けの雑貨・アパレルメーカーの場合で考えてみましょう。目先で「為替変動による原価高騰」が「すでに発生している問題」だとしても、一方で中長期的にみた人口構成の変化は避けて通ることはできません。さらなる少子化を見据えて、子ども向け以外の新しい市場や、今の市場のなかで気づいていない（潜在）需要を見つける必要があるかもしれません。これからは③「新たな目標を設定することで生まれる問題」がいろいろ出てきそうです。

本来、経営者にとっては、企業の将来やあるべき姿を見据え、②や③の問題について、じっくり考えたり、議論する時間が実はとても重要なのです。

そのために、面談のなかでこちらが意識しておくべきなのは、三年先、五年先、あるいは一〇年先といった時間軸の少し先の段階において、経営者やキーマンの「どんな企業でありたいか」というビジョンや経営目標を質問することです。会社の規模、業績、事業の内容や内訳（事業構造）、業界での存在感、地域社会とのかかわり方など、さまざまな側面で経営者やキーマンが思い描く将来の「なりたい姿」を聞き出す努力が大切です。

頭のなかにあるだけだと漠然としているものが、面談により思いを言葉にし、意見を交わしていくうちに、ぼんやりとしたイメージが具体化する、ハッキリしてくる、ということはよくあります。聴き手としては、この際に「つまり、社長が目指しておられるのはこういう姿なんですね」と、「まとめてみる」「整理する」（言語化する）ことを意識してみましょう。それによって、経営者やキーマンの頭のなかを整理する手助けになります。

そこまでくれば、その目標の実現に向けて、今、うまくいっていないことを見つけ出すために状況を丁寧にひも解いていきます。質問を重ねていくうちに、お客様自身さえ気づいていない「新しい問題を発見する」ことができます。あるいは、「そういう会社を目指すのであれば、こういったニーズの掘り起こしが今後は必要になりますね」といったように、こちらからも「問題」の仮説をぶつけることもできるでしょう。

問題をともに発見・共有し、課題解決のパートナーに

また、面談を行う担当者にとっても、②や③の問題を引き出し、お客様と共有することは重要な意味をもちます。「商談」の段階に入った場合のことを考えてみましょう。

①の「すでに発生している問題」に対してなんらかの商品やサービスの提案（問題解決）を行う場合、お客様自身も問題の所在がハッキリしている分、要求する内容も明確です。

あなた以外の他社に対しても「こういうことに悩んでいるので、このテーマで提案をしてください」と依頼しているでしょう。つまりは、他社との競争になりやすいのです。

それに対して、②の「高い目標を掲げることで生まれる問題」や③の「新たな目標を設定することで生まれる問題」であれば、お客様自身も明確に意識していなかった問題ですから、その問題を引き出し気づかせてくれた相手を、問題解決のパートナーとして考えて

くれ、信頼関係もぐっと高まるのです。
「問題には三タイプある」という意識を常にもって、お客様の期待に応えましょう。

第27講 隠れたニーズを掘り起こす

重要なのは「隠れたニーズ」

前講では、「問題」とは目標と現状のギャップであり、目標をどのように設定するかによって、問題も三タイプに分けられるという話をしました。

ここでは、まだハッキリと言葉に現れていない問題について考えてみましょう。

そもそも、社外の人に対して「今、うちの会社はこれが問題だ」「これに困っている」というのは、たくさんある問題のうちの、特に大きな問題だけかもしれません。しかし、実は明らかに問題として認識されていること以外にも、経営者自身もまだぼんやりとしていて明確な言葉になっていない「問題意識」といえるものがあるのです。「問題」が「すでにみえている（＝顕在化した）ニーズ」だとすると、「問題意識」は「隠れた（＝潜在）ニーズ」といってもよいでしょう。

「隠れたニーズ」をうまくとらえることができれば、具体的な商品・サービスの提案

（商談）はもちろんのこと、ちょっとした情報提供でさえも、お客様から高く評価いただけることは間違いありません。声に出していない、自分でも漠然としたニーズに対して、具体的な「お役立ち」を提供してくれるのですから、「そうそう、そういうものを求めていたんだよね」と納得していただけることが多いのです。

会話のなかから感じ取ろう

では、どうすれば、「隠れたニーズ」をとらえることができるのでしょうか。

それには、まず、日頃の面談を通じて「感じ取る」ことが大切です。経営者やキーマンの「問題意識」は、会話のなかに自然と現れるものだからです。

たとえば、業界他社がたくさんあるなかで、経営者の会話のなかによく出てくる企業はないでしょうか。それは、経営者が「あのような考え方や方法もあるのか」と思っているか、「あそことどこが違うのか」と思っていることの現れです。経営者がその企業の何かを強く意識していることを「感じ取る」ことができたら、その会社との比較において、「将来こうなりたいのではないか」「今、できていないこととしてこういうことがあるのではないか」といった潜在ニーズの手がかり、つまり「ニーズの仮説」が立てられます。

　これは、同業他社に限らず、まったく別の異業種の企業であっても同じです。経営者がある企業についてよく話題にするのは、その企業のどこかの部分を意識しているからです。その意識している点は、経営者が自社に関して感じている「問題意識」とつながっているのです。

　また、面談のなかで、経営者が自ら話題にすることも、「問題意識」のヒントです。たとえば小売店主に、「今期の売行きは月別や商品別にみてどうですか」と聞いたときに、「全体としては微増ですが、月別や商品別でみるとバラつきがあります。今月はキャンペーンの効果もあって、新規の顧客が先月よりも増えてきています」という答えが返ってきたとしたら、そこにどんなヒントを見つけられるでしょう。「ああ、この店主は今、『売上の悪い月の対策を考えている』『新規の顧客を増やしたい』という問題意識をもっているのだな」と感じることができるでしょう。

　加えて、こちらが話したことに関する経営者の反応からも、「問題意識」を探ることができます。他社の人事制度について話したら、「それ、もう少し詳しく聞かせてくれませんか」と質問されるとか、工場見学した別の食品メーカーの衛生管理について話したら、経営者の目の色が変わった……等など。話をしているなかで、ある話題に対して、相手が「思わぬ反応をした」という経験は誰しもあるでしょう。これはそこに「問題意識がある」ということの、わかりやすいサインなのです。

ポイントを感じたら、小さくぶつけてみる

大事なことは、「この方は、こういうことを大切に考えているのでは。だからこのような問題意識があるのかもしれない」といったポイントをたくさん見つけようと意識しながら聴くことです。「大事なポイント」を感じたら、それに関する質問をしたり、たとえ話をしてみて、反応をみる。あなたなりの仮説を確かめることです。

「お話をお聞きしていますと、社長は、在庫管理の部分に問題意識がおありのように感じたのですが」とその場でストレートに聞くのも一つです。または、次の面談の際に、「先日、社長が話されていた新たな事業への取組みに対する自治体の補助金制度についいて、私なりにちょっと調べてみたのですけれど……」といって情報を提供するのもよいでしょう。

その時に、「そうそう、それを今悩んでいて……」とか、「まさに、その情報がほしいと思っていたんだよ」となれば理想です。もし、「まあ、そこは気にはなってるんだけど」といたように反応が薄ければ、あらためて質問を組み立て直しましょう。

「問題意識」の兆しを感じたら、小さくぶつけてみる。そして、問題意識を「共有」し、それをどう解決するかを一緒に考えていく。その積重ねができれば、「この人ともう少し本音で語ろう」となり、あなたとお客様との関係はより深いものとなっていくはずです。

そのためには、「困っている」といわれてから対応するのではなく、積極的に半歩先んじて、相手の隠れたニーズを掘り起こすのだ、という意識をもって行動することが重要なのです。

お客様自身が漠然としか意識していないような問題に気づく。それは直接お客様と面談しなければ手に入らないのです。

CASE STUDY

［ケーススタディ6］

サイゼリヤと大戸屋　対照的なチェーン外食店
～コストリーダーシップと差別化～

○種からトマトを開発するサイゼリヤ

イタリアンレストランのサイゼリヤで食事をされたことはあるでしょうか。サイゼリヤの特徴はなんといってもリーズナブルな価格です。「ミラノ風ドリア二九九円、マルゲリータピザ三九九円、トマトクリームスパゲティ四九九円、グラスワイン一〇〇円（いずれも税込）……」と、初めて訪れる人はその価格にまず驚くことでしょう。

同社の低価格の裏には並々ならぬ企業努力があります。同社は店舗が十数店の時代から、産地～加工～配送～店舗までを一貫して行う「製造直販」を目標とし、品質とコストを自分たちでコントロールする体制・仕組みにこだわっています。

具体的には、ワイン、チーズ、パスタ、オリーブオイルといった主要な食材は商社を使わずに自社で直接輸入しています。また、カミッサリーと呼ばれる生産工場で食材の加工・調理の大部分が集中して行われており、店の厨房には包丁すらないといわれます。

さらに店舗では、生産性を常に改善するサイクルが回っています。たとえば、実験店で

［ケーススタディ 6］

CASE STUDY

接客や厨房の作業工程を撮影し、作業を秒単位で分解してムダを発見し、作業効率の改善を図るなど、さながら製造業の工場のような「カイゼン」が積み重ねられています。

同社の生産性・コストへのこだわりは素材にも及びます。その一例がトマトです。同社で使うトマトは、なんと種子から独自に研究開発し、契約農場でつくられたものです。トマトは、配送に耐えられるように赤く熟す前に収穫されるため、店の段階ですべてのトマトがちょうど赤く熟するとは限らず、少し多めにトマトを確保することが外食産業では一般的だといいます。これに対して、サイゼリヤは種子の段階から独自の品種を開発することで、配送に耐えられる硬さと味・色・食感を両立しています。また、加工・保存のしやすさを確保するため、同社のトマトはカットしても水分が染み出さないものとなっています。

これら一つひとつの工夫や企業努力の結果として、圧倒的な低価格が実現できているのです。

○店でかつお節を削る大戸屋

チェーン展開する外食店のなかで、サイゼリヤと対照的な企業としてあげられるのが「日本の家庭の味」をコンセプトとする定食屋チェーン大戸屋です。

同社は「焼きさば定食」「鶏と野菜の黒酢あん定食」といった家庭的なメニューを六〇〇～一〇〇〇円程度の比較的リーズナブルな価格で提供し、消費者の支持を集めています。

大戸屋はフランチャイズを含め、国内三〇八店、海外七五店（二〇一四年三月末時点）と三〇〇店を超えるチェーンでありながら、外食チェーンに一般的なセントラルキッチンをもたず、「店内調理」にこだわっていることに独自性があります。

同社が追求するのは、セントラルキッチン方式では提供できない、店内調理による「家庭の味」「できたての味」です。野菜は各店で手作業で洗って皮をむき、肉も塊で仕入れて店内で切り分けるほか、焼き魚の付合せの大根おろしは、風味が損なわれないように注文ごとにおろして提供されます。

最近では、約三〇〇年前から伝わる昔ながらの製法でつくられた「鰹本枯節」のかつお節を使用しています。かつ、その風味を味わってもらうために、削りたてのかつお節を提供するべく小型の削り器を独自開発し、毎日店舗で削っているのです。

仕込みや調理を各店で行うため、充実したマニュアルに加え、新メニューが出るたびにDVDを製作して各店に配布して、店による味のバラつきを防いでいます。また、先述のかつお節の削り器のほか、炭火焼のグリラー、大根おろし器など、独自の調理機器を開発して店舗に整備することで現場のスタッフの負担軽減を図っています。

○コストリーダーシップと差別化

対照的な二社の戦略は、マイケル・ポーター教授がいう「コストリーダーシップ戦略」と「差別化戦略」とみることができます。

熾烈な競争が繰り広げられる外食市場で、サイゼリヤのように、ライバルよりもできるだけコストを安く提供する体制をつくりあげることで収益をあげようとする戦い方を「コストリーダーシップ戦略」、大戸屋のように、あえてライバルと違うことをやることで独自のファンをつくりあげようとする戦い方を「差別化戦略」と呼びます。

サイゼリヤの例をみてわかることは、「コストリーダーシップ戦略」とは、「単なる〝安売り〟とは異なる」ということです。同社は他社に比べて圧倒的に低いコストで提供するために、仕入れルートの開拓や、工場、野菜の品種にまで投資を行い、日々の改善のなかでコスト競争力を磨き続けています。

一方、大戸屋は、「他の外食店との違い」を追求しようとしています。「家庭のできたての味」と「チェーン展開」という一見矛盾するもの同士の両立に商機を見出し、そのために、従業員教育や厨房設備の開発等にエネルギーを注いでいます。また、それらの「違い」をお客様に伝える努力も怠っていません。大戸屋の店に行くと、こうした店内調理やできたてへのこだわりをメニューや店内の販促物を通じて訴えていることがわかります。「差別化戦略」が成功するには、明らかに他社と「違うこと」をやったうえで、その違いがお客様にとって意味があり、支持を得られることが必要なのです。

コストリーダーシップ、差別化のどちらかが正しくてどちらかが間違いだということではありません。業界の状況やその会社の規模、もっている強み、目指したいビジョンによって、取るべき戦略は異なります。しかし、競争を勝ち抜き（もしくは競争を避け）、安定的に収益をあげている会社は、突き詰めれば、「コストリーダーシップ」か「差別化」のいずれかが成功しています。そして、どちらの戦い方を目指すかによって、企業がどこに投資をするか、すなわち、どこに人・モノ・金やエネルギーを投入するかが大きく変わってくるのです。

皆さんの面談先は、どちらを目指しているでしょうか。そのためにどんな工夫や努力が行われているのでしょうか。これらは面談を通じて、ぜひ、理解していきたいポイントです。

第28講

個人で抱え込まず、組織で応える

仕事を始めてある程度の時間が経つと「これは自分の仕事だから一人でやりたい」「ここは君の担当だから任せるよ」といった時期に差し掛かります。

担当する仕事を最後まで自分の力でやりきろう、という気持ちは大切です。

しかし、一人で抱え込んだために、かえって時間がかかってしまったり、面談相手の気持ちに応えられなかったりするのであれば、早めに人の力を借りて前に進めることが大切です。

あなたの属している組織のメンバーは、共通の目的のために働いています。

特に上司や先輩は、それぞれの担当者に任せた、といいながらも、それぞれがどのように仕事を進めているのか、関心をもってみています。

常日頃は特に何もいわなくても、仕事が前に進むように絶えず気をつけていますし、何かあれば皆でそれを支援していく、それがチームワークなのです。

一人で抱え込んだあげく、納期直前になって報告し、それが間違った方向に進んでいるとしたら、どうなるでしょう。大事なのはタイミング。軌道修正は早ければ早いほどよいのです。困った時、悩んで行き詰まっている時、また取引先に提供したいアイデアを考えている時などは、多くを学ぶチャンスです。詳しい人や得意な人達が身近にいるはずですから、探して話をうかがいに行きましょう。

聴く力を身につけるためには、日頃から「ほうれんそう」を実践しておくことが重要です。報告・連絡・相談という意味の「報・連・相」は、ともに仕事をする人たちの信頼を得るうえで最も大切な基本です。社会人になってすぐ、あるいは常日頃から先輩や上司に口酸っぱくいわれていることかもしれません。しかし、ここであらためて、それぞれの意味を確認しておきましょう。

報告：約束したことや任された仕事の途中経過や状況に変化が生じた時、その結果を上司や先輩に知らせること。ポイントは「変化が生じた時」です。自分の都合で報告のタイミングを決めないことが大事です。また、人や物事を紹介してもらったことへの感謝を伝えることも「報告」の一つです。

連絡：関係者に事実を素早く伝えること。連絡すべき相手に「伝わって初めて」連絡した、といえます。「○○さんに連絡を頼んだ」といって、放っておくのは連絡ではありません。その後も、それが伝わったかを「念のため」確認しましょう。

相談：何かわからないことがあったり、困った時に尋ねることができる関係をつくること。何か大きな問題が起こった時だけにではなく、普段から、小さなことでも相談しておくことで、仕事をよりスムーズに進めることができます。

Hさんが Y課長に「報・連・相」を行っています。

Hさん「いま、少しお時間をいただけますか」
Y課長「いいですよ、どんな話かな？」
Hさん「今日、K自動車販売のK社長と面談してきました」
Y課長「それはよかったね、どうだった？」
Hさん「はい、K自動車販売さんはこれまでもお客様に向けて各種イベントを行ってこられましたが、今後の取組みとして、地域にあってよかったとお客様にいってもらえる存在を目指したいそうです。そこで何かアイデアがあれば教えてほしい、とおっしゃっていました」

Y課長「なるほど。で、君は今後どのように取り組むのですか？」

Hさん「K自動車販売さんは立地がいいので、それをうまく活用できればと考えています。たとえば、会議室を利用して子ども向けの放課後教室を開けば喜ばれるのではないでしょうか。英会話や図画・工作などはどうでしょう。それから、地元の大学の留学生と地域の方との交流の場に開放するなどして、地域の方が気軽にこられる場にしてはどうか、と考えています」

Y課長「なるほど。アイデアの提供はいつまでに行うのですか？」

Hさん「近いうちにイベントが開かれますので、その折に顔を出して、その後に提案しようかと考えています。アドバイスをお願いします」

お客様の信頼を得るためにも、まず、社内で一緒に仕事をしている人たちの信頼を得ることが欠かせません。そのためには、最初は少し過剰なくらいの頻度での報告、連絡がよいでしょう。任された仕事について、順調に進んでいたとしても、上司や先輩に報告や連絡をこまめに入れることです。「ほうれんそう」において、「後で」は禁物です。

そして、より仕事がうまくいくためには、「自分自身が知らないこと」に気づき、「できないこと」を知り、人に応援してもらうことが大切です。

自分ができないことは、それが得意な人に相談し、教えてもらい、時には任せる。

人に任せる部分、自分が担う部分をうまく分けることも、仕事をスムーズに進めるうえでとても重要なことです。

お客様からの依頼や相談は、あなた自身にだけではなく、あなたの所属する組織全体に投げかけられたものだ、ということを忘れてはなりません。お客様がおっしゃる、「アイデアがあれば教えてほしい」「アドバイスいただきたい」という言葉は、あなたの所属する組織全体

こまめに“ほう・れん・そう”

に問われているものなのです。

面談相手である経営者やキーマンの関心事は、多岐にわたります。事業活動にかかわること、人にかかわること、事業承継、資産活用にかかわることなど、そのすべての相談に応えることは、容易なことではありません。まずは自分の考えを率直に語ることも大切ですが、自分たちの組織全体で受け止め、対応することが大切です。

課題やお客様の思いをいったん持ち帰り、チームのメンバーに相談し、その分野について詳しい人にも相談しましょう。お客様との関係づくりが上手な営業担当者の方は、たいてい、同僚や他部署の人など、社内の人々とも良好な関係、ネットワークを築いています。周囲と相談できる関係を調えて、自分の力を存分に発揮しましょう。もちろん、お客様の相談に応えるためには、何よりそのことを自分のこととして本気で向き合うことが大前提です。

第29講
「この分野なら」を見つけて磨こう

地方銀行で活躍中のＡさんからうかがった話です。

法人営業担当者として心がけていることは？

Ａさん　「『この人は他の営業の人とちょっと違うな』と思ってもらえるようになることです。当たり前ですが、お客様は私だけと会うわけではなく、さまざまな人たちと会っています。

実績も信頼関係もできあがっていない大勢のなかの一人から、『この人は面白いな、もう少し話をしたい』と、私に対して思ってもらうことが、関係を始める第一歩なのです」

そのために普段から努力されていることは？

Ａさん　「私が常に意識していることは、三つあります。

一つ目は、『質問の仕方を工夫すること』です。面談するお客様は、私より優れた専門知識や多くの経験をおもちです。そんな人たちから面白い話を具体的にうかがうためには、質問に工夫が必要です。質問の仕方によっては、相手の状況や興味・関心のみならず、仕事に対するこだわりや人生観までもうかがうことができるのです。

お会いする度に、お客様についてより深く理解できるように、質問を考えています。

二つ目は、『相手の問題を共有したい』という意識を強くもって質問し、話をうかがうことです。

面談の早い段階で、その人やその企業の歴史を教えてもらいます。創業時からこれまでどのような歩みを経てこられたのか、なぜその事業を選択されたのか。当時の想いやビジネスについての考え方を相手の気持ちになって理解することが、今後の展望をともに考えていくことにつながるのです。

三つ目は、『この分野ならわかる、役に立てる』を増やすことです。

これまで、営業として多くのお客様と面談をしてきて、さまざまな分野の知識を得るようになりました。ただ、訪問を続けているうちに、そのなかから自分自身の強みとなる分野をもちたい、と考えるようになりました。そこで力を入れたのが食品業界です。担当先のなかでも特にパン・洋菓子店さんや和菓子店さんで、商品の特徴や売り方、商品開発の工夫、店頭での接客法などをうかがいました。そうすることで、いかに私が知らない視点や各企業のこだわりがあるのかが、わかってきました。面談の前には、あらかじめいくつか聞きたいことをリストアップし、同業界で元気な企業の事例も準備しました。同時に、『今このようなことを考えている』『こういうことをしたいと考えているんだが……』などの想いや問題意識をうかがうこともできるようになりました。お客様からの問いかけを得ることで、お客様が抱えている些細な悩みや関心事も、肌で感じることができるようになり、担当者として気持ちも変わってきます。そのうち、『Aさんならどう考えますか？』『なるほど、その事例は役に立つね』といわれることが、少しずつ増えてきたのです」

熱意と意欲をもって

Aさんの話をうかがって、「法人営業担当者としてお客様と接するために大切なこと」を考えるうえで、重要なヒントを得ました。

まず大事なことは、何よりも「お客様の問題を見つけたい」という熱意と意欲をもつことです。

そのためには、お客様の事業特性を考えた質問や現場体験をもって、自分が感じたことや疑問点を質問し、相手が考えていること、なんらかの課題をお客様からきちんと聞き出すことが必要です。

二つ目は、日常業務のなかに、自分の強みにしたい分野の勉強時間を取り込むことです。

Aさんの場合、「食品業界なら自分に」との意欲をもって、関連情報への目配りを常に行うと同時に、訪問先のリストにパン、洋菓子、和菓子といった業種を組み込んでいました。そうすることで、一般的な情報のやりとりをするだけでなく、実際にその分野で働く人との交流を通じて、生きた知識や貴重なアドバイスをうかがうことができたのです。

三つ目は、このテーマのことを聞くなら、「この人」といった人を得ることです。

それぞれの「自分の強み」をもっている人たちが周りにいれば、ちょっとした思いつきや、問題を解決するときにおおいに力になるでしょう。自分とは違った視点や強みをもった人が周りにいれば、思ってもみなかった意見やアドバイスをもらえる可能性が大きくなります。自分にとって強みとなる分野をつくると同時に、実際に問題を解決するときに相談ができる人間関係を、仕事を通じて育みましょう。

CASE STUDY

［ケーススタディ7］

京都から世界へ おみやげ市場で躍進する「スーベニール」
～インバウンド消費をつかむ～

○京都発おみやげSPA

年間観光客数五一六二万人、外国人宿泊客数一一三万人（「京都観光総合調査」平成二五年（二〇一三年）京都市産業観光局）にのぼる国際観光都市、京都。その京都を拠点とし「おみやげ」を核に急成長しているスーベニール株式会社という会社があります。

同社は、京都らしい「和の

がま口、バッグ、ブックカバー

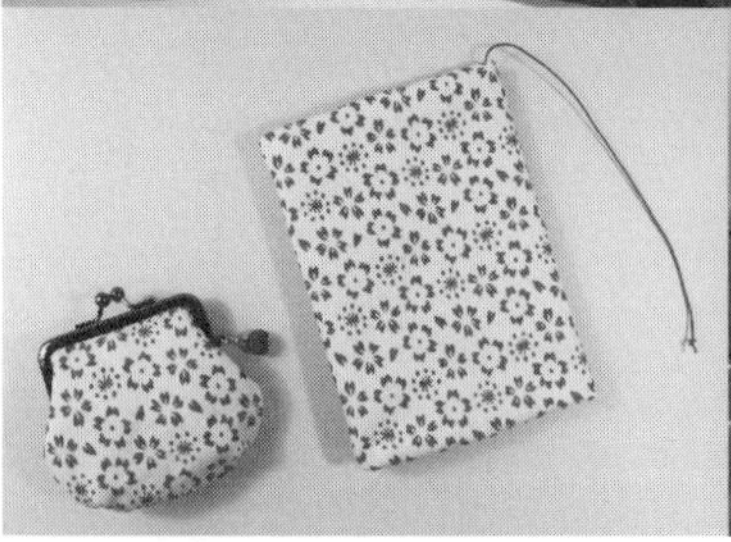

［ケーススタディ 7］

CASE STUDY

テイスト」をベースとしつつも、少しポップで現代風にアレンジした、がま口、バッグ、ハンカチ・手ぬぐいといった雑貨商品群を展開しています。がま口を例に取ると、同社のものは職人さんの手作りで、価格は一五〇〇～二〇〇〇円と他社が扱うがま口に比べて決して安くはないものの、ヒット商品となっています。工場はありませんが、多くの商品を自分たちで企画し、直営店舗で販売するという、いわば「おみやげ業界のSPA」と呼べる企業です。

同社は「カランコロン京都」「ぽっちり」「SUVENIR京都」「dot・dot」といった少しずつコンセプトの異なる複数のブランドで多店舗展開を行っており、京都だけでも数年の間に一〇店舗を展開するなど、躍進を遂げています。

このスーベニール、実は草履など和装履物の老舗である「伊と忠」という会社が母体となって立ち上げられた企業なのです。伊と忠の四代目、現在のスーベニール社長である伊藤さんが、「縮小していく和装業界だけで事業を展開していても将来はない」との危機感から、新規事業として立ち上げたのが発端でした。もともとの履物で培った「織り」「染め」「刺繍」といった職人の技を活かしつつ、現代的な感性を加え、現代の日常生活にも使える雑貨のアイテムで展開したのが「カランコロン京都」だったのです。

CASE STUDY

○全国展開から地元回帰へ

「おみやげ」市場での成長

この「カランコロン京都」は、ほどなく話題の店となりました。全国の商業施設からも出店のオファーがくるようになり、同社は店舗の全国展開に乗り出します。ただ、数年後には、出店地域によっては採算的に厳しい店も出てくるなど、全国への拡大路線は修正を余儀なくされます。「われわれが提供するちょっとした非日常の世界観は、ショッピングセンターなどの日常の世界にマッチしきれない部分があった」と伊藤さんは振り返ります。

そこで同社があらためて注目したの

カランコロン京都

が地元・京都、そして「おみやげ」というキーワードでした。もともと、和雑貨の新事業を始めたきっかけの一つが、「これだけ観光が盛んな京都なのに、漬物や和菓子といった食品以外に、これといったおみやげものがない。食品以外では、昔ながらのキーホルダーやボールペンといったものがあるが、中国で大量生産されたものを京都みやげとして売っている。京都発で京都らしいお土産をつくれないか」という想いだったそうです。

その原点に回帰し、和雑貨を「おみやげもの」として、店舗コンセプトをずらしながら、清水、嵐山といった京

ぽっちり

都のなかの観光スポットに店舗展開するモデルに変えていったところ、それが成功をおさめたのです。

○新しいチャレンジ　京都から世界へ

「京都のおみやげ」市場で一定の地位を築いた同社が次に見据えるのが、世界から京都そして日本に来る観光客、すなわちインバウンド消費です。二〇一四年には「日本のおみやげを盛り上げよう！」を合言葉に、「にっぽんCHACHACHA」という新たなブランドも立ち上げています。全国の都道府県ごとにその土地をイメージさせるモチーフをあしらった「にっぽん旅ハン

にっぽんCHACHACHA

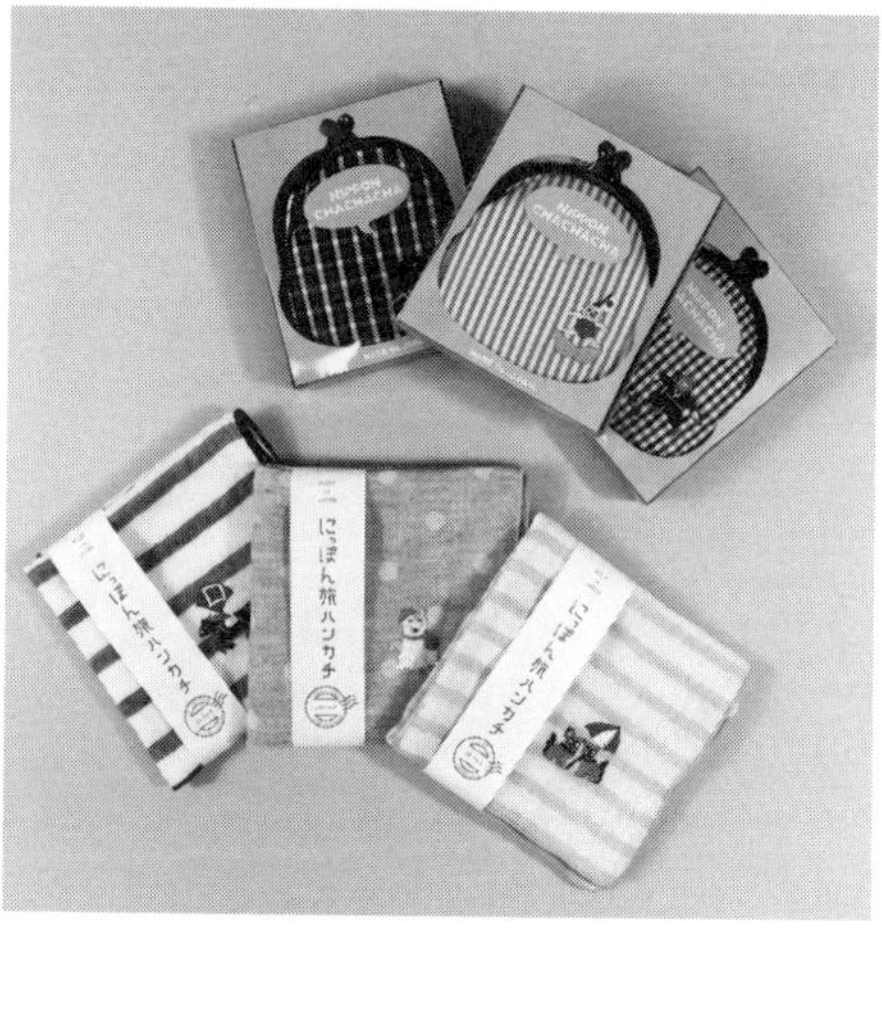

カチ」「にっぽん旅がま口」のほか、富士山やだるまといった外国人観光客が好むモチーフを使ったアイテムを用意しています。これは、存在感を増す「インバウンド消費」の獲得を目指したものであり、今後の動向がますます注目されます。

○日本の、地域の、「良いもの」の可能性

スーベニールの躍進は、日本の各地にある伝統産業にかかわる企業にとっては勇気を与えられる事例ではないでしょうか。もちろん、「京都」という圧倒的な集客力を誇る場の力は、他の地域と同列に語れない部分があります。

しかし、同社から学べることもあります。

一つには、伝統的な技や技術も、それを活かすマーケットを変えることで、新しい需要を創造できる可能性があることです。スーベニールは、草履で培った技術を、和装・着物の市場から、現代の生活や「おみやげ」という市場へと、対象を変えたことでまったく新しい顧客・需要をつかむことができたのです。

その際に大事なことは、新しい市場に出たとしても、自分たちのルーツ・歴史を大切にすることです。スーベニールは、デザインやモチーフにおいて、一貫して「和」や「京都」らしさを根底に置いています。「カランコロン京都」の印象的なのれんは、伝統的な市松模様と、京都の舞妓さんの「都をどり」の色合せをモチーフとしているそうです。そういった「自分たちらしさ」へのこだわりが、日本全国の、そして世界の観光客を引きつける魅力になっているのだと考えられます。

そして、最も重要な示唆は「変化をおそれず、一歩踏み出すこと」です。従来の和装の世界から一歩踏み出し、試行錯誤を重ねたからこそ、同社の今があります。「和装の世界は完全に右肩下がりだったが、そこから出ることで、おみやげ、インバウンドという、右肩上がりの成長市場に出ることができた」と伊藤さんはいいます。

ぜひ、面談を通じて、皆さんのお客様が「一歩踏み出す」ことを応援してほしいと思います。

（写真提供：スーベニール株式会社）

第30講　「感じ取る力」を磨こう

良き聴き手となるためには、面談相手に関する知識も必要です。しかし何よりも大切なのは「感じ取る力」ではないでしょうか。相手がとった行動から何を感じ取り、何を返していくか。「感じ取る力」を磨くために私たちが実践していることを三つ紹介します。

勧められたことは試してみる

「感じ取る力」の土台となっているのは、これまで積み重ねてきた自分の知識や体験です。

しかし自分が本当に興味のある分野というのは限られているものですし、関心のない物事について新たな知識を増やすのは意外とむずかしいことです。

私の場合は、面談相手やお世話になっている人に、体験談やお勧めをうかがってみることが多くあります。

たとえば、「今、どのような本を読んでいらっしゃいますか。これまで読まれたなかでお勧めの本は……」などと聞いてみる。自分から手に取ろうとは思わなかった本から、思いがけないヒントや思わぬ言葉に出会うことがあります。また、勧められた本から、相手のことが理解できることもあるのです。

そのほかにも、お勧めのお店や映画、コンサート、記憶に残る旅行など、自分の知らない分野について積極的に聞いてみましょう。

その後、教えていただいたお礼とあわせて、勉強になったこと、自分が気づいたことや触発されたことなどを話します。そうすることで、また新たなお勧めをうかがえるかもしれませんし、その人とのつながりも深まります。自分から進んでアドバイスを請う経験を積むことで、新たな気づきや感じ取る力がおのずとつくのです。

縛られないものの見方を身につける

感じ取る力を養うための訓練に、固定概念に縛られずに、ものをみる方法があります。

たとえば、目の前にコップがあります。それを、ただ飲むための食器ととらえるのではなく、視点を変えて別の何かにたとえてみるのです。花瓶？　小物入れ？　楽器？……

昔は水筒として使っていた瓢箪を花入れとして用いたり、陶器のワインクーラーを水指《みずさし》に、蓋には里芋の葉を使うなど、これは茶の湯の世界でも取り入れられている「見立て」の精神です。私たちの身近な生活の場面でも、たとえば食事のシーンでは、箸置きに石や野菜を使ったり、お皿や敷物として葉っぱを活用したりします。

いろいろな物事に対して、普段から身近な事象について、何かに見立てて表現していると、考え方が変わったり、新しい発見があるかもしれません。

会話のなかでも相手に伝える表現がむずかしいときには、むしろまったく別の何かにたとえて説明することで、かえってわかりやすく伝わるようになります。

偶然の出会いを問題意識と結びつける

これまで、苦労を経て成功されている多くの経営者の方々と面談してきました。

それぞれ業種も年齢もまったく違いますが、ある共通点に気づきました。

その一つが、偶然の出会いから得た直観的ひらめきを大事にしていることです。「私は運がよかった。たまたま旅先で移動中に、ある光景をみてふと気がついた。これは面白いかもしれない、というひらめきを得たのです」のように話される方が、意外に多かったのです。

何気ない日常のなかでふと目にし、ピンと心に響いたこと、自分がハッとしたことを大事にする。そして普通ならまったく関連のないようなことを、自分の課題と結びつけてみましょう。これまでとは違った新しい切り口が開けるかもしれません。

そのためには、常に問題意識や課題の設定を自分のなかにとどめておくことが大切です。

偶然の出会い、それがいつ訪れるかはわからないのです。日頃から考えている課題と、問題解決意識があればこそ、普通の人が見逃し、聞き逃してしまうような事柄のなかから、ひらめきが得られるのです。

できるだけ多くの事象に触れて、感じ取る力を、ゆっくりと確実に磨き続けましょう。

そうすれば、ただ仕事の場面で活かせるだけでなく、人生そのものが豊かになるのです。

第31講 「伝える力」を磨こう

世の中には、優れた技術をもち、良い商品をつくりだしている企業がたくさんあります。しかし、せっかく良い商品を出してもなかなか売り込めない、売れてもすぐに同様の商品が現れて価格競争に巻き込まれ、市場での存在感が希薄になるケースが多いのが実状です。

市場にさまざまな情報があふれているなかで、どうやって自社の技術や商品・サービスをアピールし、売り込んでいけばよいのか。お客様が抱えているこの課題に対して、担当者も連携して取り組むことは、信頼関係を深めるうえでも大変重要な仕事です。

では、どうすればお客様が扱う商品やサービスの魅力が、そのお客様がターゲットとする顧客に届くのでしょうか。その事を考えるうえでの三つのポイントを紹介します。

① 伝えたい相手をハッキリさせる
② 伝え方を工夫する
③ 伝えてくれる人を増やす

伝えたい相手をハッキリさせる

まずは、お客様がターゲットとしている相手が「誰か」をハッキリさせることです。ターゲットとなる相手が期待していること、求めていることは何か。共有できる価値を見極めることが重要となってきます。

たとえば、二〇一三年九月にブエノスアイレスで開かれたIOC総会で、二〇二〇年に開催される夏季オリンピック・パラリンピック招致レースの最終プレゼンテーション。日本のすばらしいプレゼンは、いまでも記憶に新しい方も多いかと思います。

東京を含め、立候補を表明しているライバル都市も、多大なエネルギーを使ってセールス・プレゼンを準備してきていました。開催都市を決定するIOC委員は約一〇〇名。それぞれが異なる国や文化の出身者であり、独自の考えをもっています。そうしたなかで日本が最終プレゼンに成功したポイントは、各スピーカーが心のこもった力強い演説をしたことにもよりますが、何より、一人ひとりのIOC委員のことをよく理解したうえでプレゼンのストーリーを組み立てた点にあるのです。

伝え方を工夫する

その商品やサービスに出会った時に、「オヤッ!」と思わず手に取りたくなったり、「そうそう、これこれ!」「こんなことが期待できそう!」とターゲットの心を動かすような伝え方を工夫することです。

その感覚を磨くためには、自分も消費者の一人として、店頭に並んでいる商品や接したサービスのなかで、気になったり、「いいな」と素直に感じた商品のデザイン、パッケージ、ネーミングや訴え方・広告の仕方などを、日頃から意識してみておくことが大切です。人気のあるショールームをみると、単なる商品・サービスの機能面での利点だけではなく、使い手側がそれを手にしたシーンが浮かび上がってくる演出や、実例、疑似体験ができる仕掛けなど、記憶に残る工夫がなされています。

伝えてくれる人を増やす

ＳＮＳが広まった現在、いわゆる「口コミ」の力は以前にも増して大きくなっています。

「こんな場面で、こんなふうに使えるモノを探しているんだけど……」「私はこれを使ってみたらとても便利だったよ」「それなら○○のメーカーのものがよいよ……」「私も使っているけどもっとお洒落なものがないかしら……」。

商品やサービスを実際に利用した人の率直な意見は、まだその商品を手にしていない人にまで、大きな影響を与えることがあります。よいなと思ってくれた人たちが、その感想を発信してくれれば、思いがけないほどの動きを生み出すのです。伝えてくれる人を増やすことを意識して、その力の活用法を考えてみましょう。

お客様が力を入れている商品やサービスの良さを、いかにターゲットとするその顧客に知ってもらい、購入に結びつけるか。そのためには、担当者自身がその商品やサービスについてよく理解することが大切です。この商品やサービスが、誰にどのような意味をもってつくられているか。そして、その段階からさらに先へ、お客様と一緒になって「商品をどのように売るか」を考えてみましょう。「その商品の魅力をいかに伝えるか」を考えるあなたの姿勢が、お客様との信頼関係を深めるでしょう。

［ケーススタディ 8］

CASE STUDY

［ケーススタディ 8］

世界が注目する燕三条発のアウトドアブランド「スノーピーク」

～ブランドをつくる、育てる～

○熱狂的なファンに支持されるアウトドアブランド「スノーピーク」

スノーピークという会社（ブランド）をご存知でしょうか。同社は新潟県三条市に本社を置くアウトドア用品の会社です。「スノーピーカー」と呼ばれるほどの熱狂的なファンをもち、アウトドアの世界ではよく知られたブランドです。

同社は一九八〇年代後半、当時の一般的なテントの価格帯が九八〇〇円～一万九八〇〇円だったところに、「最良の素材

とテクノロジー」を駆使し、その一〇倍近い一六万八〇〇〇円のテントを開発・発売し、愛好家に人気の製品となりました。また、ペグ（テントのロープを地面に固定する杭）といえば通常一本五〇円程度のところ、同社のペグは一本四〇〇円ほどするかわりに、アスファルトを貫通するほど硬くて丈夫なものだといいます。

このように、スノーピークの製品は、高価格（ハイエンド）なかわりに、デザイン性に優れ、圧倒的な品質や他社にない特長をもつものばかりです。その結果、実際に使ったアウトドア愛好家が「スノーピークのものは、他の会社の製品と違う」と実感し、その魅力を口コミで広め

ることにより、ファンの輪が広がっていったのです。

アウトドアのメーカーもたくさんあるなかで、なぜ、スノーピークにそのようなことが可能だったのでしょうか。

○自らに課したルール

一つには、同社が自分たちのモノづくり、ひいては企業経営全体において一貫した姿勢で取り組み続け、独自性の高い製品を世に送り出し続けていることがあげられます。スノーピークの社員は、全員が自らも熱心なアウトドアユーザーだそうです。そして、そんな彼らがいちばんの拠り所にしているのは、同社で「ミッションステートメント」と呼ばれる自分たちのルールです。ミッションステートメントでは、「自らもユーザーであるという立場で考え、お互いが感動できるモノやサービスを提供します」と定められています。「自らもユーザーとして感動」するためには、まだ世の中にないもの、そ

して使ったときに圧倒的にその良さが実感できるものでなくてはならないのです。同社ではこれを今から二六年前に定め、守り続けています。

○永久保証という「伝え方」

独自の「永久保証」もスノーピークブランドの形成に一役買っています。スノーピークの製品には保証書がついていません。もちろん経年劣化は保証の対象とはなりませんが、製造上のプロセスに起因する不具合に関しては期限を定めずに無償で修理、もしくは交換することをお客様に約束しています。同社は、今から三〇年近く前から、この「永久保証」を続けています。

この制度はスノーピークブランドができた当初からの志・こだわりを確実に伝えています。「当社の製品は高品質です、壊れません」といっても、他社も同じようなことをうたっているとしたら、その製品の良さや違いは顧客には伝わらないでしょう。しかし、「スノーピークは永久に保証します」と宣言することでつくり手の品質に対するこだわりと自信がお客様に伝わります。

そしてそれが、顧客からの信頼につながっているのです。

［ケーススタディ 8］

CASE STUDY

○燕三条という地の利を活かす

また、創業の地である燕三条に本社を置き続けていることも、ブランドを形成するうえで重要な意味をもっています。二〇一一年に新たに構えた本社（ヘッドクォーターズ）は、上越新幹線の燕三条駅から車で三〇分の自然豊かな丘陵地帯に位置し、その敷地はなんと約五万坪の広さです。しかも、本社の目の前は、実際にキャンプができる「キャンプフィールド」まで広がっているのです。恵まれた自然環境のなかで「モノづくり」と「お客様とのふれあい」を実践できる。このような個性の表現は、都市に拠点を置く企業には、なかなか容易にできることではありません。

豊かな自然に囲まれ、オフィス内でもキャンプが楽しめてしまう環境。この地にあるからこそ、全国から「ここで自分も働きたい」というキャンプ好きの働き手を引き寄せるのです。

また、同社は、金属製品の製造の大部分を地元燕三条の協力工場に委ねる体制をとっています。同社製品の圧倒的な品質を支えているのは、江戸時代から金属加工の街としての伝統をもつ、燕三条の協力工場群なのです。モノづくりにおいても、十二分にその「地の利」が活かされているといってよいでしょう。

本社の前のキャンプフィールド

ブランドとは、「このブランドはこういうものだ」「あのブランドを使ってみたらこうだった」「ほかに真似できるものがない」「なるほど、○○はほかと全然違う」といった経験や体験が、消費者の心のなかに蓄積されることによって築き上げられるものです。

そのためには、スノーピークのように、自分たちで一貫したぶれない軸をもつこと、そして、そのこだわりや思いを、ターゲットとなる消費者・お客様に効果的に伝え、わかってもらうことが重要なのです。同時に、地域に根ざした企業として「地の利」を徹底的に活かすことも、「らしさ」の形成におおいに貢献します。

○経営者の多くはブランドづくりに悩んでいる

しかし、スノーピークのようにブランドづくりに成功している例はあまりありません。特に、地方に本拠地を置く企業では、どちらかといえば「自分たちはどうやってブランドを築いていったらよいだろうか」と悩んでいる経営者のほうが多いのです。

ブランドづくりに悩んでいる経営者と面談をするときには、特に次の三点を意識するとよいでしょう。

一つには、面談先の企業がもつ、「一貫したこだわり」や「その企業が守り続けているもの」のなかから、「これはきちんと伝えれば、ターゲットとしている顧客に〝すごい！〟と思ってもらえる、共感してもらえる」という原石を見つけることです。「それは面談先の経営者もずっと考えていることではないか」と思われるかもしれません。しかし、実は、外部の人間のほうが、「磨けば光る原石」を探しやすい立場にいるのです。これまでの蓄積に基づいた技術や「守り続けているこだわり」は、当事者にとってはいまさら意識することもない「日常」「当たり前」となっているケースが珍しくありません。外部の新鮮な目でみるからこそ、気づけることがあるのです。

多くの場合、ヒントはその企業の歴史や過去にあります。なぜなら、「こんな機能がある、性能がある」といったことは他社にも真似ができるかもしれませんが、「積み重ねられた歴史」は簡単には真似ができないからです。

二つ目は、面談先の企業がもっている「こだわり」や「強み」がきちんと表現できているか、顧客に伝わっているか、ということを外部の目でよくみてみることです。多くの場合、内容が優れていても、その魅力が伝わっていないことが多いのも事実です。「伝える」というのは、必ずしもキャッチコピーや、広告宣伝を考えることに限りません。スノーピークの「永久保証」制度のように、自分たちの揺るぎない思いを仕組みのなかに取り入れることができれば、どんなキャッチコピーよりも強く、顧客一人ひとりの心をとらえられます。どのようにその魅力を伝えるか。これも経営者との面談の重要なテーマの一つといえるでしょう。

そして三つ目は、「その地域ならではの魅力や独自性」について、面談先の経営者やキーマンとあらためて一緒に再発見してみることです。なぜなら、自然環境、生活・文化、蓄積された技術の集積など、当初は思ってもいなかった魅力「そこにしかない魅力」を秘めている可能性があるからです。「他と違う何か」がブランドにとってはきわめて重要です。そういう意味で、競合が出てきても動じない、地域ならではの魅力に気づき、最大限に活かしているか、ということをあらためて見直してみる必要があるかもしれません。

地域で活躍している企業が、ブランドを考えるとき、地域の魅力は間違いなく有利に働く条件になるのです。

（写真提供：株式会社スノーピーク）

あとがき

本書は、金融財政事情研究会発行の「ＫＩＮＺＡＩファイナンシャル・プラン」に、二〇一三年一月より二〇回連載した「顧客とともに成長する渉外養成塾」（厚美尚武）をベースに、大幅に加筆修正し、「信頼を築く面談力」として書籍化したものです。

ここ数年、営業力やコミュニケーション能力アップのためのさまざまなビジネス書が出版されています。そのなかで「面談能力をいかに磨くか」は、私にとって気になるテーマのひとつでした。最近、私たちが携わる営業力強化プロジェクトも、必ずと言ってよいほど「面談の質をいかに高めるか」が課題となっています。

営業にかかわる人にとって、お客様との面談が仕事のほとんどと言っても言いすぎではないでしょう。面談は、ビジネススキルとセンスを鍛える絶好のチャンスです。

面談を通じて成長していくには、お客様との信頼関係をしっかりつくっていくこと。そのために何をすべきか、どのような姿勢で面談に臨むかを考え、その努力を重ねていくことが大切です。

お客様との面談の質を高め、自らの仕事の質を高めることは、実はビジネスにかかわる私たちすべてに関係します。

本書では、このテーマに沿って具体的な事例を交え、考え方や手法を述べてきました。

本書をまとめるにあたり、全国各地で活躍中の金融機関の方々に「面談に向けて意識していること、工夫していること」など多くの質問をし、お話を聴かせていただきました。心より感謝いたします。

さまざまな分野の経営者やキーパーソンの方々からは、自らの事業に取り組む気概や、事業を元気にするための深い話をうかがうことができました。

また、ケーススタディの作成についても快くご対応いただきました。多忙な方々が貴重な時間を割いてくださったことに心からお礼申し上げます。

そして、流通科学大学学長の石井淳蔵先生には、日頃から貴重なアドバイスをいただき、感謝いたしております。

また、多くの気づきを与えてくださった地方銀行ビジネスネットワーク研究会の皆さん、日本総合研究所の齊木乃里子さん、井上岳一さん、そして藤川美冬さんにもお世話になりました。

金融財政事情研究会出版部長の田島正一郎さん、伊藤雄介さんには、本書の作成にお骨折りいただきました。

あらためて皆様に心からのお礼を申し上げます。ありがとうございました。

二〇一五年八月

厚美　尚武

■著者プロフィール

厚美　尚武（あつみ　なおたけ）

アンズコンサルティング代表 主席研究員

兵庫県生まれ。関西学院大学法学部卒業後、メーカーを経て、住友ビジネスコンサルティング㈱入社。

主席コンサルタント、マーケティング戦略部長を歴任。

㈱日本総合研究所 総合研究部門 主席研究員、同社パートナーを経て、現職。

事業戦略、マーケティング戦略、新事業創発、営業マネジメント力強化などの領域で戦略立案・実行支援にかかわっている。

日本の地場産業・技術の活性化を目指し、ビジネスネットワーク研究会を主宰。地方銀行と異業種企業との協働による地域価値創造プロジェクトにも取り組んでいる。

主な著書に

『顧客創造の「ルール」』（東洋経済新報社）、『「食」の大戦争』（東洋経済新報社）、『インターネット社会のマーケティング』（石井淳蔵・厚美尚武編／有斐閣）など。2003年テレコム社会科学奨励賞受賞。

紀伊　信之（きい　のぶゆき）

㈱日本総合研究所 総合研究部門 マネジャー

京都大学経済学部卒業後、㈱日本総合研究所入社。

入社以来、一貫して、マーケティング戦略、ブランド戦略、営業力強化、新規事業開発等「市場」にかかわる各種コンサルティングに従事している。在職中、神戸大学にてMBA取得。

専門分野は営業力強化、新商品開発、ブランディング、新規事業開発等マーケティング戦略全般。ビジネスネットワーク研究会にも取り組んでいる。

主な著書・執筆に

『インターネット社会のマーケティング』（石井淳蔵・厚美尚武編／有斐閣）

信頼を築く面談力
――「また会いたい」と思われる人の聴き方・話し方

2015年11月5日　第1刷発行
2020年4月1日　第3刷発行

著　者　厚美尚武
　　　　紀伊信之
発行者　加藤一浩
印刷所　三松堂印刷株式会社

〒160-8520　東京都新宿区南元町19
発行所　一般社団法人 金融財政事情研究会
　編集部　TEL 03(3355)2251　FAX 03(3357)7416
販　売　株式会社きんざい
　販売受付　TEL 03(3358)2891　FAX 03(3358)0037
　URL https://www.kinzai.jp/

ISBN978-4-322-12817-8